全国交通运输职业教育技工新能源汽车检测与维修专业规划教材

电动汽车动力蓄电池及管理系统

全国交通运输职业教育教学指导委员会　**组织编写**
　　　　刘海峰　廖辉湘　**主　　编**
　　　　字全旺　宇正鑫　**副主编**

人民交通出版社股份有限公司
China Communications Press Co.,Ltd.

内 容 提 要

《电动汽车动力蓄电池及管理系统》是全国交通运输职业教育技工新能源汽车检测与维修专业规划教材之一。主要内容包括动力蓄电池概论、常见动力蓄电池、动力蓄电池管理系统、电动汽车充电装置的使用及维护。

本书可作为技工院校新能源汽车检测与维修专业教材，也可供新能源汽车维修人员及相关技术人员参考使用。

图书在版编目(CIP)数据

电动汽车动力蓄电池及管理系统 / 刘海峰,廖辉湘主编.—北京:人民交通出版社股份有限公司,2018.8 (2025.1重印)
ISBN 978-7-114-14910-8

Ⅰ.①电… Ⅱ.①刘…②廖… Ⅲ.①电动汽车—蓄电池—管理 Ⅳ.①U469.720.3②TM91

中国版本图书馆 CIP 数据核字(2018)第169764号

书　　　名：电动汽车动力蓄电池及管理系统
著　作　者：刘海峰　廖辉湘
责任编辑：郭　跃
责任校对：张　贺
责任印制：张　凯
出版发行：人民交通出版社股份有限公司
地　　　址：(100011)北京市朝阳区安定门外外馆斜街3号
网　　　址：http://www.ccpcl.com.cn
销售电话：(010)85285911
总　经　销：人民交通出版社股份有限公司发行部
经　　　销：各地新华书店
印　　　刷：北京市密东印刷有限公司
开　　　本：787×1092　1/16
印　　　张：13.5
字　　　数：314千
版　　　次：2018年8月　第1版
印　　　次：2025年1月　第4次印刷
书　　　号：ISBN 978-7-114-14910-8
定　　　价：34.00元

(有印刷、装订质量问题的图书由本公司负责调换)

全国交通运输职业教育技工新能源汽车检测与维修专业规划教材

编审委员会

主 任 委 员 王怡民

副主任委员 杨经元 陈文华

委　　　员 （按姓氏笔画排序）

王茂仁　王　征　韦军新　毕玉顺

刘海峰　刘　影　宇正鑫　宇全旺

许云珍　李永吉　李宪义　宋修艳

张小兴　张则雷　陈晓东　孟彦君

赵昌涛　贺利涛　夏建武　徐　坤

高庆华　高窦平　郭志勇　韩炯刚

廖辉湘　穆燕萍

特 邀 专 家 朱　军

前言

近年来，新能源汽车行业迅猛发展，产销量大幅增长。各职业院校根据市场需求，相继开设了新能源汽车检测与维修专业。选择适用的核心课程教材，对于院校专业建设至关重要。全国交通运输职业教育技工新能源汽车检测与维修专业规划教材是在各院校的通力合作下，在行业、企业技术专家的大力协助下编写而成。

本系列教材在编写过程中，采用职业院校大力推广的"基于工作过程的任务教学法"体例，项目规划科学，任务分解合理，利于教学过程中的讲解与实训。本系列教材依据市场主流车型进行编写，实现课堂教学与实训实习无缝对接。

本书是新能源汽车系列教材之一，以电动汽车核心技术之一的动力蓄电池系统为主题。主要选取目前国内市场上主流电动汽车北汽和比亚迪车型为参考，结合其他品牌的电动汽车，讲解电动汽车动力蓄电池、动力蓄电池管理系统及充电的相关理论知识，并按照汽车维修职业岗位对技能的需求，设置相应实操项目，全面讲解电动汽车动力电池及相关知识。本书分为动力蓄电池概论、常见动力蓄电池、动力蓄电池管理系统及电动汽车充电装置的使用与维护4个项目，每个项目下又分若干任务，每个任务含学习目标、任务描述、理论知识准备、任务实施、技能考核标准及思考与练习六大部分。本书采用学习任务模式导入，除教材之外，还配备了教案、PPT、题库等教学资源，方便授课教师参考。

本书教学大纲由全国交通运输职业教育教学指导委员会审定，由山东交通技师学院刘海峰、云南交通技师学院廖辉湘担任主编，由字全旺、字正鑫担任副主编，由字全旺负责统稿。本书共有13个任务，任务1至任务9由云南交通技师学院字全旺完成，任务10由云南交通技师学院字全旺和孟彦君共同完成，任务11至任务13由云南交通技师学院字全旺、廖辉湘与山东交通技师学院刘海峰、韩炯刚、唐国富、曹丽娜、张旻共同完成。

在本系列教材的编写过程中，得到了浙江交通技师学院、山东交通技师学院、广西交通技师学院、江苏汽车技师学院等职业院校的大力支持，在此表示感谢。限于编者水平，书中难免有疏漏和错误之处，恳请广大读者提出宝贵建议，以便进一步修改和完善。

编　者
2018年5月

目录 CONTENTS

项目一　动力蓄电池概论	1
任务 1　动力蓄电池基本知识	2
任务 2　动力蓄电池类型及性能	18
项目二　常见动力蓄电池	29
任务 3　铅酸动力蓄电池认知	30
任务 4　碱性动力蓄电池认知	47
任务 5　锂离子动力蓄电池认知	63
任务 6　燃料电池认知	84
任务 7　其他动力蓄电池认知	105
任务 8　动力蓄电池的使用	122
项目三　动力蓄电池管理系统	149
任务 9　动力蓄电池管理系统基本原理认知	150
任务 10　动力蓄电池管理系统的应用	167
项目四　电动汽车充电装置的使用及维护	183
任务 11　充电装置的认知	184
任务 12　电动汽车充电桩安全管理	194
任务 13　电动汽车充电	199
参考文献	207

项目一
动力蓄电池概论

动力蓄电池是电动汽车的核心部件,在电动汽车中起到储存和提供能量的作用,在学习动力蓄电池核心知识之前,需先掌握动力蓄电池的一些基础知识。本项目主要学习动力蓄电池发展历史及现状,动力蓄电池一些基础概念、参数及原理,了解动力蓄电池的类型及特点,纯电动汽车和混合动力汽车对动力蓄电池的不同要求,本项目包括两个任务:

任务1　动力蓄电池基本知识

任务2　动力蓄电池类型及性能

通过以上2个任务的学习,你能够理解动力蓄电池的发展历史,动力蓄电池基本概念,常见动力蓄电池的类型及性能,为后面更深入学习动力蓄电池知识打好基础。

任务1　动力蓄电池基本知识

◆ 学习目标

◆ 知识目标

1. 叙述发展动力蓄电池的原因；
2. 叙述动力蓄电池的发展历史及现状；
3. 说出动力蓄电池的定义及种类；
4. 说出动力蓄电池基本结构和基本原理；
5. 说出蓄电池单体、蓄电池及蓄电池组之间的关系；
6. 说出动力蓄电池基本参数代表的意思。

◆ 能力目标

1. 能够测量动力蓄电池电压；
2. 能够测量动力蓄电池内阻。

建议课时

8课时。

任务描述

现有一块动力蓄电池，你明白上面参数代表的含义吗？在实际维修过程中，有些参数需要自己测量，你能正确使用量具，对动力蓄电池一些基本物理量进行测量吗？

一、理论知识准备

（一）发展动力蓄电池的必要性

1. 能源危机

石油被誉为"经济血液"，目前已探明的石油储蓄量约为1万亿桶，够人类消费40～50年（按目前的石油消费速度计算）。除了这1万亿桶以外，有待发现的石油大约也有1万亿桶。这就是说，地下总共有2万亿桶可供开采利用，可供人类消费近80年。

就中国而言，石油安全是我国能源安全的核心，石油安全关系国家根本利益和国民经济安全。如图1-1所示，我国早已成为石油净进口国，且我国石油进口量逐年递增，对外依存度越来越高。较高的对外依存度以及变幻莫测的国际形势，大大增加了我国石油进口的风险，从而影响我国的能源安全和国家安全。目前，越来越多的石油被汽车消耗，据统计，每年我国汽车石油消耗量占总消耗量的一半以上。因此，优化我国交通运输业的能源结构，降低交通运输业对石油的依赖度，是当前急需解决的问题。而就当前来看，发展动力蓄电池是合理可行的办法。

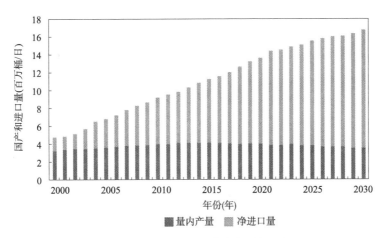

图 1-1 我国对进口石油依存度及其预测

2. 环境污染

如图 1-2 所示,全球汽车保有量按预测飞速增加,到 2015 年,全球汽车保有量已增至 11.2 亿辆。我国汽车工业的飞速发展和汽车保有量的快速增长,在拉动经济发展及提高居民生活质量的同时,汽车尾气所排放的一氧化碳、碳氢化合物、氮氧化合物及颗粒等,严重污染了环境。据统计,全球大气污染 42% 来源于交通车辆,汽车对环境的影响越来越大,环境污染已成为世界各国共同面临的挑战。为此,世界各国对发展电动车和混合电动车高度重视,积极进行动力蓄电池的研发。

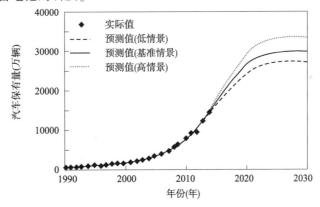

图 1-2 全球汽车保有数量实际值和预测值

3. 动力蓄电池是电动汽车发展的关键技术

由于能源及环境等因素,电动汽车是未来汽车发展方向之一,而动力蓄电池作为电动汽车发展的关键技术,其水平的高低直接关系到电动汽车的发展,影响其在市场竞争中的地位。对于中国而言,实现汽车产业的跨越式发展,从汽车大国迈向汽车强国具有战略意义。目前,中国已是汽车大国,但还不是汽车强国。在技术发展方面与汽车发达国家还有不小差距。

在新能源汽车领域,虽然美日开展研究较早,但科技水平差距并非不可逾越。目前,我国拥有世界最大的汽车市场,拥有政府政策和资金的支持,并且在动力蓄电池方面,我国还掌握着核心技术,处于世界领先地位。我国的汽车企业完全可以利用这一有利时机,大力发展新能源汽车,力求在新一代汽车技术上取得突破,在新能源汽车方面与国外汽车品牌展开竞争,并带动传统能源汽车的发展,从而实现我国汽车产业的跨越式发展。

4. 带动相关产业发展,提高经济效益

新能源汽车技术的进步与发展,必然带动与新能源汽车相关的汽车零配件行业、燃料电池及蓄电池行业、电动机行业、新能源设备制造业、电子行业等行业的技术革新与发展,升级产业结构,带动经济发展,提高人民生活水平。

(二)动力蓄电池发展历史及现状

1836年,英国的丹尼尔对"伏特电堆"进行了改良。他使用稀硫酸作电解液,解决了蓄电池极化问题,制造出第一个不极化、能保持平衡电流的锌—铜蓄电池,称"丹尼尔蓄电池"。但是,这些蓄电池都存在电压随使用时间延长而下降的问题,当蓄电池使用一段时间后电压下降时,可以给它通以反向电流,使蓄电池电压回升。因为这种蓄电池能充电,可以反复使用,所以称它为"蓄电池"。

动力蓄电池是电动车辆能量的主要来源,其技术经过了多次材料体系的变迁。每一次动力蓄电池材料体系的变迁都会带来一次动力蓄电池的发展高潮。根据动力蓄电池的使用特点、要求、应用领域不同,国内外动力蓄电池的研发历史大致如下。

第一代动力蓄电池:铅酸蓄电池,1859年法国科学家plante发明世界第一只可充电的蓄电池——铅酸蓄电池,经过150多年的发展,现在汽车上使用的主要是阀控式铅酸蓄电池(VRLAB),如图1-3所示。其优点是大电流放电性能良好、价格低廉、资源丰富、蓄电池回收率高。在电动自行车、电动摩托车上广泛应用;缺点是质量比能量低,主要材料铅有污染。新开发的双极耳卷绕式VR-LAB已通过HEV试用,其能量密度比平板涂膏式铅酸蓄电池有明显提高。

图1-3 阀控式铅酸蓄电池

第二代动力蓄电池:碱性蓄电池,1889~1901年瑞典的Jungner和美国的Edison先后发明镍铁和镍镉蓄电池,20世纪80年代出现了镍氢蓄电池(金属氢化物镍蓄电池)。图1-4所示为碱性蓄电池中的一种,Cd-Ni蓄电池由于镉的污染,欧盟各国已禁止用于动力蓄电池;MH-Ni蓄电池价格明显高于铅酸蓄电池,目前是HEV的主要动力蓄电池。日本松下能源公司已为HEV提供了1000万只以上的MH-Ni蓄电池。由于价格问题,MH-Ni蓄电池应用受到一定影响。

第三代蓄电池:20世纪90年代出现了锂离子蓄电池,现在主要发展为Li-ion蓄电池(LIB)和聚合物Li-ion蓄电池(PLIB),如图1-5所示,其能量密度高于VRLA蓄电池和MH-Ni蓄电池,质量比能量达到200W·h/kg(PLIB),单体蓄电池电压高(3.6V),若解决安全问题,将是最具竞争力的动力蓄电池。

第四代动力蓄电池:燃料电池,在电动汽车上使用的燃料电池有两种,图1-6、图1-7所示为质子交换膜燃料电池(PEMFC)和直接甲醇燃料电池(DMFC),其特点是无污染,以H_2和O_2或甲醇作为燃料,直接转化为电能作为车载动力。而铅蓄电池、MH-Ni蓄电池和Li-ion蓄电池均属于电能的转换和储能装置,蓄电池本身并不能发出电能,必须对蓄电池进行充电,将电能转换成化学能,在使用时再将化学能转变为电能作为车载动力。所以这类蓄电池目前仍然要消耗由其他能源发出的电能。

图1-4　碱性蓄电池

图1-5　车用锂离子蓄电池组

图1-6　质子交换膜燃料电池

图1-7　直接甲醇燃料电池

　　燃料电池是车载动力中最经济、最环保的解决方案,但是要实现商业化还有许多问题需要解决,如价格昂贵(采用贵金属铂、铑作为催化剂)、氢的储存运输和电池寿命的问题。

　　长期以来,蓄电池的寿命和成本问题一直是制约电动汽车发展的技术瓶颈。通过不断的技术创新与技术改进,蓄电池技术得到了飞速的发展。动力蓄电池已经从传统的铅酸蓄电池发展到镍氢动力蓄电池、钴酸锂、锰酸锂、聚合物、三原材料、磷酸铁锂等先进的绿色动力蓄电池,动力蓄电池在比能量、比功率、安全性、可靠性、循环寿命、成本等方面,都取得很大的进步。

　　当前,各个主要汽车大国都制定了相应的动力蓄电池发展规划,并给予极大支持及重视。同时,国际上各大蓄电池公司纷纷投入巨资研发锂离子动力蓄电池,在技术上取得一系列重大突破。如美国的 A123 公司研制的锂离子动力蓄电池,蓄电池容量为 2.3A·h,循环寿命长达 1000 次以上,能够以 70A 电流持续放电,120A 电流瞬时放电,产品安全可靠。美国 Valence 公司研制的 U-charge 磷酸铁锂蓄电池,除了能量密度高、安全性好以外,可在 -20~60℃ 的宽温度范围内放电及储能,其质量比铅酸蓄电池轻了 36%,一次充电后运行的时间是铅酸蓄电池的 2 倍,循环寿命是铅酸蓄电池的 6~7 倍。随着锂离子蓄电池技术的不断发展,其在电动汽车上的应用前景被汽车企业普遍看好。在近两年国际车展上,各大汽车公司展出的绝大多数纯电动汽车和混合动力汽车都采用了锂离子蓄电池。

　　在我国,权威部门对动力蓄电池的测试结果表明,中国研制的动力蓄电池的功率密度和能量密度实测数据达到了同类型蓄电池国际领先水平,蓄电池安全性能也有很大的提高。镍氢蓄电池荷电保持能力大幅度提升,常温搁置 28 天,荷电保持能力可达到 95% 以上;新型锂离子动力蓄电池功率密度可达到2000W/kg以上。

（三）动力蓄电池的定义及类型

1. 动力蓄电池定义

对于动力蓄电池，目前仍无统一的定义。动力蓄电池的名称来源于动力机械应用领域（如潜艇等），一直沿袭下来，目前习惯于将用于电动汽车的蓄电池称为"动力蓄电池"。因为蓄电池厂家生产的同一类型的蓄电池也不仅仅用于电动汽车，其他如电动自行车、备用电源、储能电站等均在采用这样的蓄电池，也把其称为动力蓄电池。在GB/T 19596-2004中动力蓄电池（traction battery）的定义为：为电动汽车动力系统提供能量的蓄电池。GB/T 18384.1-2001中的定义为：能够给动力电路提供能量的所有电气相连的蓄电池包的总称。

2. 动力蓄电池种类

在国家汽车行业2006年颁布的标准中，动力蓄电池按照其应用分为两种不同类型：能量型蓄电池和功率型蓄电池。能量型蓄电池指以高能量密度为特点，主要用于高能量输出的蓄电池。功率型蓄电池指以高功率密度为特点，主要用于瞬间高功率输出、输入的蓄电池。这两种蓄电池分别为适应于纯电动汽车应用和混合电动车应用的蓄电池。而在现实使用过程中，动力蓄电池常常根据正负极材料特性、电化学成分不同进行分类。

根据正负极材料特性、电化学成分不同，蓄电池常有3种分类方式。

1) 按电解液种类分类

(1) 碱性蓄电池。碱性蓄电池的电解质主要是以氢氧化钾水溶液为主，如碱性锌锰蓄电池（俗称碱锰蓄电池或碱性蓄电池）、镍铬蓄电池、镍氢蓄电池等。

(2) 酸性蓄电池。酸性蓄电池主要是以硫酸水溶液为介质，如铅酸蓄电池等。

(3) 中性蓄电池是以盐溶液为介质，如锌锰干荷蓄电池、海水蓄电池等。

(4) 有机电解液蓄电池。有机电解液蓄电池主要是以有机溶液为介质，如锂离子蓄电池等。

2) 按蓄电池所用正负极材料分类

(1) 锌系列蓄电池，如锌锰蓄电池、锌银蓄电池等。

(2) 镍系列蓄电池，如镍镉蓄电池、镍氢蓄电池等。

(3) 铅系列蓄电池，如铅酸蓄电池。

(4) 锂系列蓄电池，如锂离子蓄电池、锂聚合物蓄电池和锂硫蓄电池。

(5) 二氧化锰系列电池，如锌锰蓄电池、碱锰蓄电池等。

(6) 空气（氧气）系列蓄电池，如锌空气蓄电池、铝空气蓄电池等。

3) 按工作性质和储能方式分类

(1) 一次蓄电池，又称原蓄电池，即不能再充电的蓄电池，如锌锰干荷蓄电池、锂原子蓄电池等。

(2) 二次蓄电池，即可充电式蓄电池，如镍氢蓄电池、锂离子蓄电池、镉镍蓄电池等；蓄电池习惯上指铅酸蓄电池，也是二次蓄电池。

(3) 燃料电池，即活性材料在电池工作时才连续不断地从外部加入电池，如氢氧燃料电池等。

(4) 储备用蓄电池，即存时不直接接触电解液，直到蓄电池使用时，才加入电解液，如镁化银蓄电池又称海水蓄电池等。

(四)蓄电池的基本结构及原理

1.蓄电池的基本构成

蓄电池是一种把化学反应所释放的能量直接转化成直流电能的装置。要实现化学能转化成电能的过程,必须满足以下条件:

(1)必须把化学反应中氧化还原反应分隔在两个区域进行。

(2)两电极之间必须有离子导电性的物质。

(3)过程中电子的传递必须经过外电路。

为了满足构成蓄电池的条件,蓄电池必须包含以下基本组成部分:

(1)正极活性物质。它具有较高的电极电位,蓄电池工作即放电时进行还原反应或阴极过程。为了与电解槽的阳极、阴极区分开来,在蓄电池中称作正极。

(2)负极活性物质。它具有较低的电极电位,蓄电池工作时进行氧化反应或阳极过程。为了与电解槽的阳极、阴极区分开来,在蓄电池中称作负极。

(3)电解质。它拥有很高的、选择性的离子电导率,提供蓄电池内部的离子导电的介质。大多数电解质为无极电解水溶液,少部分电解质为固体电解质、熔融盐电解质、非水溶液电解质和有机电解质。有的电解质也参加电极反应而被消耗。电解质对电子来说必须是非导体,否则会产生蓄电池单体的自放电现象。

(4)隔膜。为保证正、负极活性物质绝对不能直接接触而短路,又要保证正负极之间尽可能小的距离,以使蓄电池具有较小的内阻,在正负极之间必须设置隔膜。隔膜材料本身都是绝缘良好的材料,同时隔膜材料要求耐电解质腐蚀和正负极活性物质的氧化作用,并且要有足够的孔隙和吸收电解质溶液的能力,以保证离子运动。

(5)外壳。作为蓄电池的容器,蓄电池的外壳材料必须能经受电解质的腐蚀,而且应该具有一定的机械强度。

除了上述主要组成部分外,蓄电池常常需要电栅、汇流体、端子、安全阀等零件。基本构成如图1-8所示。

2.蓄电池的基本原理

目前所使用的动力蓄电池种类繁多,所使用的材料各不相同,但大多数动力蓄电池的基本反应原理都是氧化还原反应,如铅酸蓄电池、碱性蓄电池、金属空气蓄电池、燃料电池等都属于氧化还原反应。但区别于一般的氧化还原反应的是:电子转移不是通过氧化剂和还原剂之间的有效碰撞完成的,而是还原剂在负极上失电子发生氧化反应,电子通过外电路输送到正极上,氧化剂在正极上得电子发生还原反应,从而完成还原剂和氧化剂之间电子的转移。两极之间溶液中离子的定向移动和外部导线中电子的定向移动构成了闭合回路,使两个电极反应不断进行,发生有序的电子转移过程,产生电流,实现化学能向电能的转化。

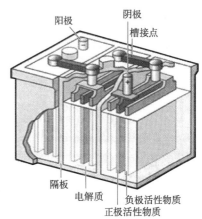

图1-8 蓄电池基本构成图

(五)蓄电池及蓄电池组

蓄电池及蓄电池组的构成逻辑关系在应用中容易出现概念的混淆,在此介绍普遍提及的几个概念。

1. 蓄电池单体

蓄电池单体是指直接将化学能转化为电能的基本装置和基本单元,是构成蓄电池的基本元件,包括电极、隔膜、电解质和外壳。图1-9所示为几节18650蓄电池单体。

2. 蓄电池

蓄电池是指一个以上的蓄电池单体串联或并联而成,封装在一个物理上独立的蓄电池壳体内,具有独立的正负极输出。发动机上常用的12V或24V起动蓄电池,就是由6片或12片2V的铅酸蓄电池单体串联而成。图1-10所示为单体蓄电池与蓄电池的关系图。

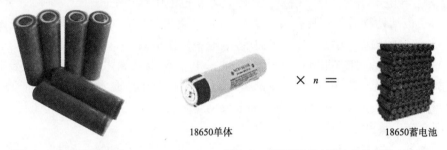

图1-9　18650蓄电池单体　　　　图1-10　单体蓄电池与蓄电池关系图

3. 蓄电池包

蓄电池包也常常被称为蓄电池组,是由多块蓄电池通过串联或并联构成的一个存储电能或对外输出电能的总成。通常意义上蓄电池包还包括动力蓄电池管理系统、蓄电池箱等蓄电池元件。对不包含完整蓄电池管理功能的蓄电池组通常称为蓄电池模块。图1-11所示为蓄电池与蓄电池包关系图。

图1-11　电池与电池包关系图

4. 蓄电池系统

蓄电池系统是指有一个以上蓄电池包通过串联或并联构成的具备完善蓄电池管理系统的电能供给系统。图1-12所示为蓄电池包与蓄电池系统关系图。

(六)动力蓄电池基本参数

1. 端电压和电动势

1)端电压

端电压是指动力蓄电池正极和负极之间的电位差。动力蓄电池在没有负载情况下的端电压称为开路电压。动力蓄电池接上负载后处于放电状态,此时蓄电池电压称为负载电压,又称为工作电压。蓄电池充放电结束时的电压,称为终止电压,该电压又分为充电终止电压和放电终止电压。

图 1-12　蓄电池包与蓄电池系统关系图

如图 1-13 所示,蓄电池充、放电结束时都有一个电压极限值,充电时的电压极限值就是充电终止电压;放电时的电压极限值就是放电终止电压。

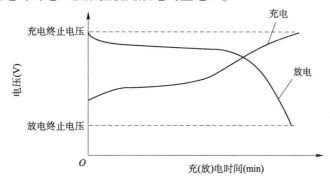

图 1-13　蓄电池充、放电终止电压

2)电动势(E)

电动势(E)是指蓄电池上两个电极的平衡电位之差。

2. 容量

容量是指蓄电池在一定的放电条件下所能放出的电量,用符号 C 表示,单位常用 A·h 或 mA·h 表示。

1)理论容量

假定蓄电池中的活性物质全部参加蓄电池的成流反应所能提供的电量,理论容量是蓄电池容量的最大极限值,蓄电池实际放出的容量只是理论容量的一部分。理论容量可根据蓄电池反应式中电极活性物质的用量,按法拉第定律计算活性物质的电化学当量精确求出。

法拉第定律:电流通过电解质溶液时,在电极上发生化学反应的物质的质量与通过的电量成正比。数学式表达为

$$Q = zmF/M \tag{1-1}$$

式中:Q——电极反应中通过的电量,A·h;

　　z——在电极反应式中的电子计量系数;

　　m——发生反应的活性物质的质量,g;

　　M——活性物质的摩尔质量,g/mol;

　　F——法拉第常数,约 96500g/mol 或 26.8A·h。

2)额定容量

额定容量又称标称容量,是指按国家或有关部门规定的标准,保证蓄电池在一定的放电条件(如温度、放电率、终止电压等)下应该放出的最低限度的容量。额定容量是制造厂标明

的安时容量。

3）实际容量（C）

实际容量是指在实际应用工作情况下放电，蓄电池实际放出的电量。充满电的蓄电池在一定条件下所能输出的电量，它等于放电电流与放电时间的积分。实际容量的计算方法如下。

恒电流放电时：

$$C = IT \tag{1-2}$$

变电流放电时：

$$C = \int_0^T I(t)\,dt \tag{1-3}$$

式中：I——放电电流，是放电时间 t 的函数；

T——放电至终止电压的时间。

蓄电池的实际容量除与其本身的结构与制造工艺有关外，主要受其放电制度的影响。

4）剩余容量

剩余容量是指蓄电池在一定放电倍率下放电之后，蓄电池剩余的可用容量。剩余容量的估计和计算受到蓄电池前期应用的放电率、放电时间等因素以及蓄电池老化程度、应用环境等多种因素的影响，在估算上存在一些困难。

3. 内阻

电流通过蓄电池内部时受到阻力，使蓄电池的工作电压降低，该阻力称为蓄电池内阻。由于蓄电池内阻的作用，蓄电池放电时的端电压低于电动势和开路电压，充电时充电的端电压高于电动势和开路电压。蓄电池内阻是化学电源一个极为重要的参数。它直接影响蓄电池的工作电压、工作电流、输出能量与功率等，对于一个实用的化学电源，其内阻越小越好。

蓄电池内阻不是常数，在放电过程中，随着活性物质组成、电解液浓度和蓄电池温度的变化以及放电时间而变化。蓄电池内阻包括欧姆内阻和极化内阻两部分。欧姆内阻主要由电极材料、电解液、隔膜的内阻及各部分零件的接触电阻组成。极化内阻是指化学电源的正极与负极在电化学反应进行时由于极化所引起的内阻。它是电化学极化和浓差极化所引起的电阻之和。极化内阻与活性物质的本性、电极的结构、蓄电池的制造工艺、蓄电池工作条件有关，蓄电池工作条件对蓄电池内阻的影响尤为突出，放电电流和温度对其影响很大。

4. 能量与能量密度

能量是指蓄电池在一定放电制度下所能释放出的电能，单位常用 W·h 或 kW·h 表示。蓄电池的能量分为理论能量和实际能量。

1）理论能量（W_0）

理论能量是指蓄电池的理论容量与其电动势的乘积，即

$$W_0 = C_0 E \tag{1-4}$$

2）实际能量（W）

实际能量是指蓄电池放电时实际输出的能量，它在数值上等于蓄电池实际放电电压、放电电流与放电时间的积分，即

$$W = \int V(t) I(t)\,dt \tag{1-5}$$

一般用蓄电池组额定容量与蓄电池放电平均电压的乘积来估算。

3）能量密度

能量密度是指单位质量或单位体积的蓄电池所能输出的能量，相应地称为质量能量密度（W·h/kg）或体积能量密度（W·h/L），也称为质量比能量或体积比能量。在电动车应用方面，蓄电池的质量比能量影响电动汽车的整车质量和续驶里程，而体积比能量影响到蓄电池的布置空间。

5. 功率与功率密度

1）功率

功率是指在一定的放电制度下，单位时间内蓄电池输出的能量，单位为 W 或 kW。

2）功率密度

功率密度又称比功率，是单位质量或单位体积蓄电池输出的功率，单位为 W/kg 或 W/L。比功率是评价蓄电池及蓄电池包是否满足电动汽车加速和爬坡能力的重要指标。

6. 荷电状态

荷电状态（State of Charge，SOC）描述了蓄电池的剩余电量，其值为蓄电池在一定放电倍率下，剩余电量与相同条件下额定容量的比值。荷电状态值是个相对量，一般用百分比的方式来表示，SOC 的取值为：$0 \leq SOC \leq 100\%$。

7. 放电深度

放电深度（Depth of Discharge，DOD）是放电容量与额定容量之比的百分数，与 SOC 之间存在如下数学计算关系：

$$DOD = 100\% - SOC \tag{1-6}$$

8. 温升

蓄电池温升定义为蓄电池内部温度与环境温度的差值。多数锂蓄电池充电时属吸热反应，放电时为放热反应，两者都包含内阻热耗。充电初期，极化电阻最小，吸热反应处于主导地位，蓄电池温升可能出现负值，充电后期，阻抗增大，放热多于吸热，温升增加，过充时，随不可逆反应的出现，逸出气体，内压升高、温度升高，直到变形、爆裂。

9. 内压

蓄电池内部压力，由于蓄电池内部反应逸出气体导致气压增大，气压过大将撑破壳体和发生爆裂，基于安全考虑，一方面锂蓄电池都设计了单向的防爆阀门，一方面用塑壳制造。析气反应常伴随着不可逆反应，也就意味着活性物质的损失、蓄电池容量的下降，无析气、小温升充放电是最理想的工况。

10. 效率

蓄电池的效率指蓄电池的充放电效率或能量输出效率，本文指后者。对于电动汽车，续驶里程是最重要指标之一，在蓄电池组电量和输出阻抗一定的前提下，根据能量守恒定律，蓄电池组输出的能量转化为两部分，一部分作为热耗散失在电阻上，另一部分提供给电动机控制器转化为有效动力，两部分能量的比率取决于蓄电池组输出阻抗和电动机控制器的等效输入阻抗之比，蓄电池组的阻抗越小，无用的热耗就越小，输出效率就更大。

蓄电池实际上是一个能量存储器，充电时把电能转变为化学能储存起来，放电时再把化学能转变为电能释放出来，供用电装置使用。蓄电池的输出效率通常用容量效率和能量效率来表示。蓄电池的容量效率指蓄电池放电时输出的容量与充电时输入的容量之比,蓄电池的能量效率指蓄电池放电时输出的能量与充电时输入的能量之比。通常,电动汽车蓄电池的能量效率为55%~75%,容量效率为65%~90%。对电动汽车而言,能量效率是比容量效率更重要的一个评价指标。

11. 循环寿命

循环寿命是评价蓄电池使用技术经济性的重要参数,蓄电池充电和放电一次称为一个周期(或循环)。蓄电池容量降到某一规定值之前能反复充放电的次数,称为循环寿命或使用周期。各类二次蓄电池的使用寿命都有差异,即使同一系列、同一规格的产品,循环寿命的差异可能也很大,目前常用的蓄电池中,银锌蓄电池的寿命最短,一般只有30~100次;铅酸蓄电池的寿命为300~500次;锂离子蓄电池的使用周期较长,循环寿命可达1000次以上。

随着充放电循环次数的增加,二次蓄电池容量的衰减是个必然的过程,因为在这过程中会发生一些不可逆的过程,这些不可逆的因素主要如下:

(1)电极活性表面积在充放电循环中不断减小。

(2)电极上活性物质脱落或转移。

(3)工作过程中电极材料发生腐蚀。

(4)循环过程中电极上生成枝晶,造成蓄电池内部微短路。

(5)隔膜的老化和耗损。

(6)活性物质在充放电过程中发生不可逆晶型改变,因而活性降低。

12. 安全

动力蓄电池的工作条件苛刻,主要的安全问题是蓄电池自身爆炸、燃烧和导致的电极短路着火,在电动汽车研发进程中,发生过多次起火事件,对电动汽车的发展造成了负面影响。究其原因,主要是以下方面:

(1)蓄电池在运输过程中也没出现自燃现象。

(2)蓄电池爆炸发生于充电后期或已经结束,充电设备和方法难脱干系。

(3)外部电路短路可以造成强电弧或使导线燃烧,也可以导致自燃,一般的电压、电流源都有此特性。

(4)通过成组电池电压及电流的限制不能避免电池的过充过放。

(5)过充电可能使蓄电池变形、失效、燃烧,甚至爆炸,过放电(反充电)一次足以使蓄电池报废。

因此,蓄电池必须要经过一系列的测试,这些测试包括用冲锋枪射击、挤压破裂短路、水淋、水泡等安全测试。

13. 蓄电池的自放电率

蓄电池的自放电率是指蓄电池在存放期间容量的下降率,即蓄电池无负荷时自身放电使容量损失的速度。自放电率用单位时间内容量下降的百分数表示。

14. 蓄电池的不一致性

对于同一类型、同一规格、同一型号蓄电池之间在电压、内阻、容量等参数方面存在的差别称为蓄电池的不一致性。一组蓄电池的寿命在很大程度上取决于它的不一致性。由于电动汽车的动力蓄电池都是成组使用的,因此一致性是评价蓄电池组性能的关键指标之一。影响蓄电池一致性的因素主要有单体蓄电池的设计和制造水平、用户的使用方式等。

15. 抗滥用能力

抗滥用能力指蓄电池对短路、过充电、过放电、机械振动、撞击、挤压以及遭受高温和着火等非正常使用情况的容忍程度。

16. 放电制度

放电制度是指蓄电池放电时所规定的放电速度、放电温度和终止电压,通常称为放电制度。

1) 放电速度

电动汽车蓄电池的放电速度通常称为放电率,以放电时率和放电倍率来表示。

(1) 放电倍率是以放电电流在数值上等于该蓄电池的额定容量的倍数来表示放电速度的一种方法,其单位为倍率,以 C 表示。如用 X 表示放电倍率时,则:

$$X = I/C_t$$

式中:I——放电电流,A;

C_t——按 t 小时率放电时的额定容量,A·h。

在标准中,一般用 I 来表示电流,I_t 表示以 t 小时率进行放电时的放电电流,$1C_t = tI_t$。

(2) 放电时率是以蓄电池放出全部额定容量,所需要时间的长短来表示的放电速度,通常以 t 表示,单位为小时。放电时率与额定容量、电流强度之间的关系为:

$$t = C_t/I$$

式中:t——放电时率;

C_t——t 小时率放电的额定容量;

I——所指定的放电电流强度。

2) 放电温度

放电时蓄电池所处的环境温度,称为放电温度。在放电或充电开始时,蓄电池的温度称为初始温度。

3) 终止电压

当达到蓄电池放电截止条件时,终止对蓄电池的放电称为放电截止。放电截止可以有效地保护电动汽车蓄电池,防止蓄电池出现过放电。过放电导致的更严重的后果是,它可能引起蓄电池负极活性的降低甚至丧失,从而导致蓄电池性能和使用寿命的快速降低。所以,必须根据蓄电池的特性制定合适的放电截止条件,保证蓄电池在出现一个电极过放电之前就终止放电,从而保护蓄电池。

放电终止电压是指蓄电池在一定放电条件下,规定放电终止时的负载电压。放电截止电压受蓄电池的放电倍率和环境温度蓄电池数量影响,一般说来,放电电流越大,时间越短,放电截止电压越低;放电电流越小,时间越长,放电截止电压越高;环境温度越低,截止电压越低。

二、任务实施

1. 准备工作

(1) 防护工具:绝缘防护工具。

(2)设备:10节同类型、同规格蓄电池;2个数字万用表;5Ω、10Ω电阻各一个;开关若干;导线若干。

2. 技术要求与注意事项

(1)遵守实训室规章制度。

(2)操作过程中要穿戴好绝缘防护工具。

(3)数字万用表使用注意事项:

①如果仪表损坏,请勿使用。使用仪表之前,检查外壳,并特别检查接线端子旁的绝缘。

②检查表笔是否有损坏的绝缘或裸露的金属;检查表笔的通断;在使用之前,应更换损坏的表笔。

③如果无法预先估计被测电压大小,则应先拨至最高量程挡测量一次,再视情况逐渐把量程减小到合适位置(无需量程选择的数字万用表无此操作)。

④满量程时,仪表仅在最高位显示数字"1",其他位均消失,这时应选择更高的量程。

⑤当测量有效值为30V的交流电压、峰值达42V的交流电压或者60V以上的直流电压时,请特别注意,因为此类电压会产生电击的危险。

⑥当断开连接时,应先断开红色表笔线再断开黑色表笔线。

⑦当打开蓄电池箱盖时,请先把表笔从仪表上移开。

⑧为避免得到错误的读数而导致的电击危险或人员伤害,请在仪表指示低电压时,马上更换蓄电池。

3. 操作步骤

根据准备的材料,分别对10节蓄电池进行电压测量及内阻测量。

(1)蓄电池电压测量。

①使用前,应认真阅读万用表有关的使用说明书,熟悉电源开关、量程开关、插孔、特殊插口的作用,如图1-14所示。

②连接黑色表笔到COM端子,红色表笔到VΩ端子。

③打开电源开关。

④设置功能开关到VDC量程,检查万用表测量是否正常,并将表笔如图1-15所示并联到所测负载两端。

⑤读取显示器的数值,同时红色表笔的极性也将显示在显示屏上,将数值及红色表笔的极性记录在表格中。

⑥依次测量完10节蓄电池并记录好数据。

⑦将电压挡调至最大量程并关闭电源开关或将旋钮调至OFF挡。

⑧整理好万用表。

(2)蓄电池内阻测量。

①将准备的蓄电池元器件按图1-16所示电路连接好。

②读出电流表的数据I和电压表数据U并记录在表1-1中。

③更换电阻,并按图1-17将电路连接好。

④闭合开关,读取数据并记录。

⑤更换蓄电池并重复以上操作。

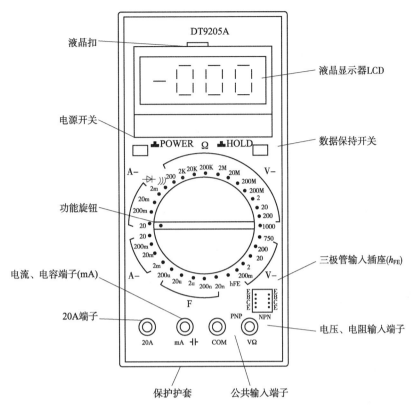

图1-14 万用表外观

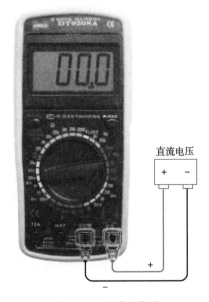

图1-15 万用表连接图

⑥根据公式 $I=E/(R+R)$ 计算出 r,将计算结果填在表1-2中。

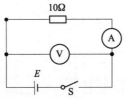
图1-16 电路图(一)

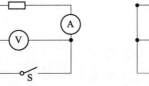
图1-17 电路图(二)

电压测量数据记录表 表1-1

蓄电池编号	1	2	3	4	5	6	7	8	9
电压 U(V)									
电流 I(A)									

蓄电池内阻测量记录表 表1-2

电阻编号	1	2	3	4
U				
I				
r				

(3)工量具整理及5S。

三、技能考核标准

技能考核标准见表1-3。

技能考核标准 表1-3

序号	项目	操作内容	规定分	评分标准	得分
1	万用表的使用	万用表的检查	20分	(1)万用外观检查完整准确; (2)测量前是否校表	
2	电压测量	电压值测量	30分	(1)测量是否准确; (2)是否符合操作流程	
3	内阻测量	内阻值测量	30分	(1)线路连接是否正确; (2)测量是否准确; (3)是否符合操作流程	
4	数据处理	计算 r	20分	数据处理越快、准确率越高,得分越高	
		总分	100分		

四、学习拓展(可不设)

蓄电池电量检测方法

1. 电压测试法

电压测试法就是说蓄电池的电量通过简单的监控蓄电池的电压而得来。蓄电池的电量和电压不是线性关系的,所以这种测试方法并不精准,电量测量精度仅仅超过20%。尤其是蓄电池电量低于50%时,蓄电池的电量计算将会变得非常不准确。所以这种方法对蓄电池的保护是非常有限的。

2. 蓄电池建模法

蓄电池建模是根据蓄电池的放电曲线来建立一个数据表,数据表中会标明不同电压下的电量值,这一方法可以有效地提高测量的精度。但要获得一个精准的数据表并不简单,因为电压和电量的关系还涉及蓄电池的温度、自放电、老化等因素。只有结合了众多的因素来进行修正,才能够得出较满意的电量测量。

3. 库仑计

库仑计是在蓄电池的正极和负极串联一个电流检查电阻,当有电流流经电阻时就会产生热量,通过检测热量就可以计算出流过蓄电池的电流。因此可以精确地跟踪蓄电池的电量变化,精度可以达到1%,另外通过配合蓄电池电压和温度,就可以极大地减少蓄电池老化等因素对测量结果的影响。其中苹果手机就是采用这一方法。

五、思考与练习

(一) 填空题

1. 汽车尾气排放物有_____、_____、_____、_____。
2. 第一代动力蓄电池为_____,第二代动力蓄电池为_____,第三代动力蓄电池为_____。
3. 燃料蓄电池存在的问题是_____。
4. _____和_____是制约动力蓄电池发展的主要因素。
5. 在现实使用过程中,动力蓄电池常常根据_____进行分类。可按_____、_____、_____进行分类。
6. 蓄电池的基本构成有_____、_____、_____、_____。
7. 在蓄电池中,负极_____,发生_____;正极_____,发生_____。
8. 丹尼尔蓄电池的化学反应式为_____。
9. 按电解质种类分,蓄电池可分为_____、_____、_____、_____。

(二) 判断题

1. 2013年全球汽车保有量已突破11.2亿辆。( )
2. 镍氢蓄电池属于碱性蓄电池的一种。( )
3. 还原剂在负极上失电子发生氧化反应。( )
4. 外电路中,电子由负极流出正极流入。( )
5. 燃料电池是一种最经济,最环保的汽车动力源。( )
6. 现在国际上,碱性蓄电池是动力蓄电池发展的主流方向。( )

(三) 简答题

1. 简述动力蓄电池发展历史。
2. 简述蓄电池电能与化学能转化基本原理。
3. 简述蓄电池单体、蓄电池及蓄电池包之间的关系。

4. 简述 SOC 的含义。
5. 解释能量及能量密度。

任务 2　动力蓄电池类型及性能

学习目标

❖ 知识目标
1. 说出常见动力蓄电池种类及特点；
2. 说出动力蓄电池评价参数；
3. 说出纯电动汽车对动力蓄电池性能要求；
4. 说出混合动力汽车对动力蓄电池性能要求。

❖ 能力目标
正确使用安全防护工具。

建议课时

6 课时。

任务描述

动力蓄电池是新能源汽车的核心技术，要想了解新能源车，就得先了解新能源车使用的各种常见动力蓄电池；而动力蓄电池是高压部件，在维修新能源汽车过程中最先应学会的就是正确使用安全防护工具保护自身安全。

一、理论知识准备

(一) 常见动力蓄电池及特点

1. 常见动力蓄电池

蓄电池的种类有很多，但目前最常见的汽车用蓄电池有铅酸蓄电池、碱性蓄电池(主要是镍镉蓄电池和镍氢蓄电池)、锂离子蓄电池、燃料蓄电池等。

1) 铅酸蓄电池

铅酸蓄电池发明以来，其使用和发展已有 100 多年的历史，广泛应用于内燃机车的动力端，而新能源车所使用的铅酸蓄电池因为需要为车辆提供动力，而要将它应用于电动汽车，它的主要发展方向是提高比能量，增大循环使用寿命。铅酸蓄电池是最成熟的新能源蓄电池系统，1881 年生产的世界上第一辆铅酸蓄电池电动汽车，使用的就是铅酸蓄电池，由于铅酸蓄电池成熟、可靠性好、原材料价格低廉，同时比功率也基本上可以满足电动驱动的动力要求，所以在新能源汽车中广泛应用，图 2-1 所示的山东时风低速电动汽车，其主要采用铅酸蓄电池作为动力电源。但从长期来看，铅酸蓄电池质量大、充电放电功能较差、循环寿命短等因素严重制约其发展成动力蓄电池的主流。此外,铅酸蓄电池含有的重金属铅,对环境的污染严重,且在强烈的碰撞下会产生爆炸对消费者的生命安全构成威胁。

2) 碱性蓄电池

碱性动力蓄电池主要有镍镉蓄电池和镍氢蓄电池。镍镉蓄电池的技术成熟,抗冲击和振动性强,自放电小、性能稳定,可大电流放电,使用温度范围宽:40~65℃,几乎不用维修。但电流效率及能量效率尚欠佳,

图 2-1 2011 款时风牌纯电动汽车

活性物质利用率低,有记忆效应等。其致命缺点是含有有毒金属元素镉。欧盟国家已经自 2005 年 12 月 31 日起禁止了镍镉蓄电池的进口,其将逐渐被性能更好的绿色蓄电池所取代。

镍氢蓄电池是 20 世纪 90 年代发展起来的一种新型蓄电池,其正极活性物质主要由镍制成,负极活性物质则由氢合金支撑,属碱性蓄电池。镍氢蓄电池属于一种绿色能源蓄,目前很多新能源动力车型所使用的蓄电池组都会选择镍氢蓄电池。大众 Hybird 版途锐用的镍氢蓄电池如图 2-2 所示。镍氢蓄电池具有高比功率、电流充放电大、无污染、安全性能好等特点,缺点是具有轻度记忆效应,高温环境下性能差,但是由于其技术成熟,综合性能好,是当前混合动力汽车中应用最为成熟的绿色蓄电池。大功率镍氢动力蓄电池正迎来一个划时代的发展机遇,在已经研制或投入生产的混合动力汽车中,80% 以上均采用镍氢蓄电池作为动力电源。

图 2-2 大众 Hybird 版途锐用的镍氢蓄电池

3) 锂离子蓄电池

锂离子蓄电池最早在 1990 年由日本的索尼公司推向市场,是目前世界上最新一代的充电蓄电池。相比较镍氢蓄电池,混合动力汽车采用锂离子蓄电池,可使蓄电池系统的质量下降 40%~50%、体积减小 20%~30%,能源效率大幅提升。现今大部分新能源车采用锂离子蓄电池来提供动力,如图 2-3 所示的 BMWi3 及图 2-4 所示的特斯拉 Model S 等。锂离子蓄电池按照不同的正极材料可以分为锰酸锂蓄电池、磷酸铁锂蓄电池以及镍钴锂蓄电池等,而现在大多数新能源车型所使用的第二代蓄电池组为磷酸铁锂蓄电池,也是未来锂离子蓄电池的发展方向所在。锂离子蓄电池性能比较高,可以快速充电、高功率放电、能量密度高且循环寿命长,但价格高和高温下安全性能差,但是随着锂离子蓄电池的正负极材料不断开发,技术不断成熟,锂离子蓄电池将在电动汽车时代发挥主导作用。

4) 燃料蓄电池

最早的燃料蓄电池是在 1839 年格洛夫使用电解水产生的氢气和氧气而制造成功的。燃料蓄电池是将燃料的化学能转变为电能的装置。但燃料蓄电池在产生电能时,内部参加反应的反应物质经过不断的消耗反应,由于其不可重复使用性,需不间断地继续输入反应物。燃料蓄电池在其反应稳定后,需要不断地提供燃料而将化学能转变为电能,放电特性连

续,但不可反复充电使用。燃料蓄电池以氢燃料为主,氢燃料虽然没有任何污染,技术也相对成熟,燃料电池特性优于现有的内燃机,但成本很高,另外在增加续驶时间等方面还要进一步加强,而且需要有庞大的基础设施配合,这些技术性工作相当长时间内很难达到预期的效果,商业化比较困难。

图2-3　BMWi3

图2-4　特斯拉 Model S

2. 常见动力蓄电池性能

正如上文中所述,目前可以作为车载动力的蓄电池类型很多,这些车载蓄电池均有车载试验,这些蓄电池作为车载动力源各有优势,有些蓄电池已经商业化应用,有的离商业化还有比较长的距离要走,但不管是已经商业化的还是没实现商业化的,目前还没有一种蓄电池已经完全满足市场需求,每种动力蓄电池都或多或少有一定不足之处,要达到市场需求还需要不断改进提升其性能。各类常见动力蓄电池性能对比见表2-1。

各类动力蓄电池性能　　　　　　　　　　　　　表2-1

蓄电池类型	比能量 (W·h/kg)	电功率密度 (W·h/L)	比功率 (W/kg)	循环寿命 (次)	成本 (US$/kW·h)
铅酸蓄电池	30~45	60~90	200~300	400~600	150
镍镉蓄电池	40~60	80~110	150~350	600~1200	300
镍氢蓄电池	60~80	120~160	550~1350	1000	NA
锂离子蓄电池	90~130	140~200	250~450	800~1200	200

(二)动力蓄电池评价参数

动力蓄电池最重要的就是高功率和高能量,高功率意味着更大的放电强度,更高的质量比能量和体积比能量。但我们在评价一个动力蓄电池的性能时,不能仅考虑这两个参数,从使用角度出发,需要综合以下7个参数对动力蓄电池性能进行评价。

1. 高能量

电动车辆而言,高能量意味着更长的纯电续航里程。作为交通工具,车辆续航里程的增加可有效提升车辆应用的方便性和使用范围,因此,电动汽车对动力蓄电池高能量密度的追求是永远不会停止的。锂离子动力蓄电池能够在电动汽车上广泛推广和应用,主要原因就是其能量密度是铅酸动力蓄电池的3倍,并且还有继续提高的可能性。

2. 高密度

车辆作为交通工具,追求高速化,也就是对车辆动力性能提出了高的要求。实现良好的动力性要求驱动电动机有较大的功率,进而要求动力蓄电池组能够提供驱动电动机高功率输出,满足车辆驱动的要求。长期大电流、高功率放电对于蓄电池的使用寿命和充放电效率会产生负面影响,甚至影响蓄电池使用的安全性,因此在功率方面还需要一定的功率储备,避免让动力蓄电池在全功率工况下工作。

3. 长寿命

现有铅酸动力蓄电池使用寿命在深充深放工况下可以达到 400 次,锂离子动力蓄电池可以达到 1000 次以上,混合动力用镍氢蓄电池现在的使用寿命根据日本丰田公司报告可以达到 10 年以上。动力蓄电池的长寿命直接关系到动力蓄电池的成本。车辆在使用过程中蓄电池更换的费用,是动力蓄电池使用成本的重要组成部分。现有的蓄电池化学体系研究提高动力蓄电池的使用寿命是关键问题之一,在动力蓄电池成组集成应用方面,考虑动力蓄电池单体寿命的一致性以保证蓄电池组的使用寿命也是主要内容之一。

4. 低成本

动力蓄电池的成本与蓄电池的新技术含量、材料、制作方法和生产规模有关,目前新开发的高比能量的动力蓄电池成本较高,导致电动汽车的造价也高,开发和研制高效、低成本的动力蓄电池是发展电动汽车的关键。

5. 安全性好

动力蓄电池为电动汽车提供了 300V 以上的驱动供电电压,可能危及人身安全和车载电器的使用安全。用电安全是电动汽车区别于传统内燃机汽车的重要特点之一。除此之外,动力蓄电池作为高能量密度的储能载体,自身也存在一定的安全隐患,可能会发生过热、燃烧甚至爆炸。基于上述原因,对于动力蓄电池的检验标准非常严格,我国已制定了动力蓄电池及蓄电池模块进行安全性检验的标准,对动力蓄电池在高温、高湿、穿刺、挤压、跌落等极端状况进行检验,要求在这下状况下不能发生动力蓄电池燃烧、起火现象。

6. 工作温度适应性强

车辆应用一般不受地域限制,不同的空间和时间使用,需要车辆适应不同的温度,仅以北京地区的车辆为例,北京夏天地表温度可达 50℃ 以上,冬季温度低至 -15℃ 以下,在该温度范围内,动力蓄电池应可以正常工作。因此,对于动力蓄电池而言,需要动力蓄电池具有良好的温度适应性。

7. 可回收性好

按照动力蓄电池使用寿命的标准定义,蓄电池在其容量衰减至额定容量的 80% 时,确定为动力蓄电池寿命的终结。随着动力蓄电池的大量应用,必然出现大量废旧动力蓄电池的回收问题。对于动力蓄电池的可回收性,在化学性能方面,首先要求动力蓄电池正负极材料及电解液等材料无毒,对环境无污染。其次是研究蓄电池内部各种材料的回收再利用。这有利于动力蓄电池成本的降低及减少对环境的污染,有利于电动汽车的推广普及。

(三)电动车辆对动力蓄电池性能的要求

电动汽车所需要的理想电源应该是:有持续的大电流放电,能够保证汽车保持一定的行驶速度;有短暂大电流放电能力,保证汽车在加速、上坡有足够的动力;能够一次提供足够的能源,保证汽车有一定的续驶里程。

1. 纯电动汽车对动力蓄电池的要求

纯电动汽车完全依赖蓄电池的能量,如图 2-5 所示,蓄电池容量越大,可实现的续驶里程就越长,但蓄电池质量和体积也就越大。纯电动汽车要根据设计目标和行驶工况的不同来选择和匹配蓄电池。

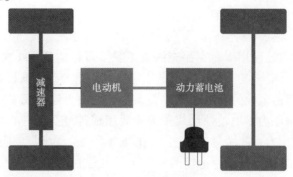

图 2-5　纯电动汽车结构图

纯电动汽车对动力蓄电池性能的要求归纳如下。

(1)蓄电池组要有足够的能量和容量,以保证典型的连续放电不超过1C,典型峰值放电不超过3C。如果可以进行制动能量回收,蓄电池组还必须能接受高达5C的脉冲电流充电。

(2)蓄电池要能够实现深度放电(如80%放电深度)而不影响其寿命,在必要时能实现满负荷功率和全放电。

(3)需要安装蓄电池管理系统和热管理系统,显示蓄电池组的剩余电量和实现温度控制。

(4)由于动力蓄电池体积和质量大,蓄电池箱的设计、蓄电池的空间布置和安装要符合纯电动汽车车内空间和人机工程要求。

2. 混合动力汽车对动力蓄电池的要求

为了确保电动车合理的行驶性能,对其能源系统应具有如下要求:高比能量,以确保电动汽车达到合理的续驶里程;高比功率,确保加速和爬坡性能;寿命长,免维护,成本低;自放电小;充电快,效率高,以提高车辆的使用效率和接受制动功率回收的能力;尺寸小;安全性好;可回收;更换简便。

从动力蓄电池的使用特点可以看出,蓄电池是一个功率辅助系统,大部分放电是以大电流进行的,能量消耗较少,所以设计时应着重注意功率性能而不是能量参数。动力蓄电池循环几乎不要求蓄电池完全充电或完全放电,所以多只蓄电池一起应用通常存在的问题(充电电压升高而导致泄气、蓄电池之间的不平衡、过放电等)较少。主要的问题是蓄电池的失效、整体的可靠性及电流分布,以及大电流长时间循环下的温度控制。最可能的失效是随着循环的进行蓄电池的充放电功率性能的降低。过充电/深放电在由许多蓄电池组成的蓄电池组中几乎是不可避免的,随着蓄电池使用时间的增加,可能性更大。由于许多蓄电池串联一起使用,所以对蓄电池的一致性要求很高。丰田公司的 Prius 电动车需要 240 只蓄电池串联,以前若一只蓄电池出现故障,需要替换全部 240 只蓄电池,后来进行了改进,设计了 6 单体蓄电池组件,可以简便地更换失效蓄电池,并且由于缩短了电流路径,比功率比采用圆柱蓄电池提高了 67%。为了提高能量利用效率,充电能量转换效率要高。另一个很重要的问题是蓄电池管理方面的问题,包括电池可存储电荷能力、电荷状态水平的判断,其精确的判断不仅确定混合动力电动汽车可以使用的时间,也决定其工作状况的好坏。其他如安全性能、热管理性能等也是很必要的。

各种混合电动汽车对电源系统的总体要求如下：

（1）串联式混合电动汽车完全由电动机驱动，内燃机—发电机总成与蓄电池组一起提供电动机所需要的电能，如图2-6所示。串联式混合动力汽车蓄电池荷电状态处于较高水平，对蓄电池系统功率的要求与纯电动汽车相似，但容量要低。

图2-6　串联式混合动力汽车结构图

（2）并联式混合电动车发动机和电动机都可以直接对车轮提供驱动力，如图2-7所示，整车的驾驶要求可以由不同的动力组合结构来满足。蓄电池的容量可以更小，但是蓄电池组瞬时提供的功率要满足汽车加速或爬坡要求，蓄电池的最大放电电流有时可能达到20C以上。

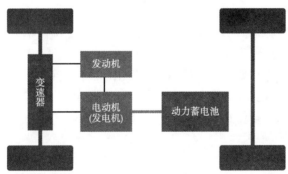

图2-7　并联式混合动力汽车结构图

并联式混合动力汽车动力蓄电池具体要求如下。

①蓄电池的峰值功率要求大，能短时大功率放电。

②较高的瞬间回馈功率。

③循环寿命要长，达到1000次以上的深度放电循环和40万次以上的浅度放电循环。

④较高的能量效率。

⑤需配备蓄电池管理系统和热管理系统。

⑥蓄电池的SOC应保持在50%~80%。

具体的应用指标应根据车辆的设计要求来确定，现有的燃料蓄电池电动车辆由于燃料蓄电池功率密度较低，一般采用与动力蓄电池共同驱动的方式对外输出电能。在燃料与动力蓄电池连接方式上也有并联与串联两种形式，在该类型上对动力蓄电池性能要求与混合动力电动车辆相似。

二、任务实施

1. 准备工作

（1）防护工具：绝缘防护工具。

（2）设备：绝缘鞋、绝缘手套、护目镜。

2. 技术要求与注意事项

（1）遵守实训室规章制度。

（2）操作过程中要穿戴好绝缘防护用具。

（3）绝缘安全防护用品的认识及注意事项。在新能源汽车的维修中，我们常用到的安全防护用品有：警示标志、警示隔离带、遮拦、绝缘手套（1000V/300A 以上）、皮手套、绝缘帽、绝缘鞋、护目镜等。

①绝缘手套。如图 2-8 所示，绝缘手套是在高压设备上进行操作的辅助安全用具，也是在低压设备上带电操作时的基本安全用具，它是用特种橡胶制成。

使用绝缘手套应注意以下事项：

a. 使用前必须进行充气检测，并将手套朝手指方向卷曲，检查有无漏气或裂口等。如有漏气或裂口，则不能使用。

图 2-8 绝缘手套

b. 戴手套时应将外衣袖口放入手套的伸长部分内，使用时注意手套不可让利器割破，勿与油酸、碱及其他腐蚀物质接触并远离热源，以免损坏绝缘层。

c. 绝缘手套使用后必须擦拭干净，放在专门的柜子里，切不可乱丢乱放，也不可与其他工具、杂物堆放在一起，以免手套受损。

②绝缘鞋。高压绝缘鞋如图 2-9 所示，是使用绝缘材制定的一种安全鞋。电绝缘鞋的适用范围，新标准中明确地指出：耐实验电压 15kV 以下的电绝缘皮鞋和布面电绝缘鞋，应用在工频（50~60Hz）1000V 以下的作业环境中，15kV 以上的城市电网的电绝缘胶鞋，适用于工频 1000V 以上作业环境中。

绝缘鞋使用注意事项：

a. 应根据作业场所电压高低正确选用绝缘鞋，低压绝缘鞋禁止在高压电气设备上作为安全辅助用具使用，高压绝缘鞋（靴）可以作为高压和低压电气设备上辅助安全用具使用。但不论是穿低压或高压绝缘鞋（靴），均不得直接用手接触电气设备。

图 2-9 绝缘鞋

b. 布面绝缘鞋只能在干燥环境下使用，避免布面潮湿。

c. 绝缘鞋（靴）的使用不可有破损。

d. 穿用绝缘靴时，应将裤管套入靴筒内。穿用绝缘鞋时，裤管不宜长及鞋底外沿，更不能长及地面，保持布帮干燥。

e. 非耐酸碱油的橡胶底，不可与酸碱油类物质接触，并应防止尖锐物刺伤。低压绝缘鞋若底花纹磨光，露出内部颜色时则不能作为绝缘鞋使用。

③护目镜。如图 2-10 所示，护目镜是一种起特殊作用的眼镜，使用的场合不同需求的眼镜也不同。如医院用的手术眼镜，电焊的时候用的焊接眼镜，激光雕刻中的激光防护眼镜

等。防护眼镜又称劳保眼镜,分为安全眼镜和防护面罩两大类,作用主要是防护眼睛和面部免受紫外线、红外线和微波等电磁波的辐射,粉尘、烟尘、金属和砂石碎屑以及化学溶液溅射的损伤。

使用注意事项:

a. 选用的护目镜要选用经产品检验机构检验合格的产品。

b. 焊接护目镜的滤光片和保护片要按规定作业需要选用和更换。

c. 护目镜的宽窄和大小要适合使用者的脸型。

d. 护目镜要专人使用,防止传染眼病。

图 2-10　护目镜

e. 镜片磨损粗糙、镜架损坏,会影响操作人员的视力,应及时调换。

f. 防止重摔重压,防止坚硬的物体摩擦镜片和面罩。

④绝缘垫。绝缘垫又称绝缘胶垫,如图 2-11 所示。用于加强工作人员对地的绝缘,因此可以视为一种固定的绝缘靴,具有较大电阻率和耐电击穿能力。

绝缘垫的作用:电力工作人员在工作时,手和脚必须至少有一个不带电,这样电路形不成闭路,才不会对人的安全造成伤害。铺设绝缘垫正是保证了人的脚对地的绝缘,根据配电室耐压等级选择相应的绝缘垫有着举足轻重的作用。

⑤安全帽。安全帽如图 2-12 所示。安全帽是用来保护使用者头部或减缓外来物体冲击伤害的个人防护用品,在对电动汽车进行维护作业时,防止维修人员的头部与车身或举升机碰撞而伤害维修人员,保护维修人员的头部不受伤害。

图 2-11　绝缘垫

图 2-12　安全帽

使用安全帽注意事项:

a. 使用完好无破损的安全帽。

b. 系紧下颚带,以防止工作过程中或外来物体打击时脱落。

c. 帽衬完好。帽衬破损后,一旦受到意外打击时,帽衬失去或减少了吸收外部能量的作用,安全帽就不能很好地保护戴帽人。

d. 所用的安全帽应符合国家的有关技术规定。

e. 有问题的安全帽应及时更换。玻璃钢及塑料安全帽正常使用周期为 2~4 年。

⑥其他防护用品。其他安全防护用品还包括警示隔离带(图 2-13),警示标志(图 2-14)等。

图 2-13　警示隔离带　　　　　　　图 2-14　警示标志

(4)绝缘工具。在新能源汽车的维修中我们用到的基本绝缘安全工、器具有:验电、放电工装、绝缘罩、绝缘隔板等和辅助安全用具(如绝缘手套、绝缘靴、绝缘胶垫等)及安全围栏和标识牌。在维修高压系统时必须使用电工专用绝缘工具,如图 2-15 所示。

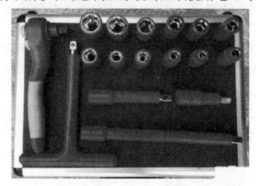
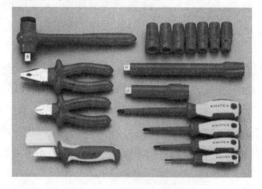

图 2-15　绝缘工具

使用安全绝缘工具时,需要注意下列事项:
①绝缘工具不可以粘着油污,这样会腐蚀工具绝缘层,对油污及时擦拭干净。
②绝缘工具不可以长时间放在阳光下暴晒,会加剧工具的绝缘层老化。
③绝缘工具在掉入水中后需要经过烘干处理,检查无任何表面损伤方可使用。
④绝缘工具在放置时请远离辐射源,避免造成工具绝缘层的损坏。

3. 操作步骤

安全防护工具的检查使用:
(1)绝缘手套外观检查。
(2)绝缘手套充气检查。
(3)检查、调节、佩戴护目镜。
(4)检查、试穿绝缘鞋。
(5)打开绝缘工具箱,检查绝缘工具。
(6)布置维修工作场地:铺好绝缘垫、拉好安全警示带、放好安全警示牌。
(7)收拾工具,做好 5S 管理。

三、技能考核标准

技能考核标准见表 2-2。

技 能 考 核 标 准　　　　　　　　　　　　　　　　　　表 2-2

序号	项　目	操 作 内 容	规定分	评分标准	得分
1	绝缘手套检查	(1)检查绝缘手套； (2)佩戴绝缘手套	20 分	(1)正确检查得 10 分； (2)正确佩戴得 10 分	
2	绝缘鞋检查	(1)检查绝缘鞋； (2)试穿绝缘鞋	20 分	(1)正确检查得 10 分； (2)正确穿戴得 10 分	
3	护目镜检查	(1)检查护目镜； (2)佩戴护目镜	20 分	(1)正确检查得 10 分； (2)正确穿戴得 10 分	
4	安全帽检查	(1)检查安全帽； (2)佩戴安全帽	20 分	(1)正确检查得 10 分； (2)正确穿戴得 10 分	
5	绝缘工具检查	检查绝缘工具箱工具	10 分	正确检查得 10 分	
6	维修工位布置	(1)铺设绝缘垫； (2)拉好安全警示带； (3)放置安全警示牌	10 分	正确布置得 10 分	
	总分		100 分		

四、思考与练习

（一）填空题

1. 蓄电池的种类有很多，但目前最常见的车用动力蓄电池有_____。

2. 1881 年蓄电池由于_____，同时_____也基本上可以满足电动驱动的动力要求，所以在新能源汽车中广泛应用。

3. 镍氢蓄电池具有_____等优点，缺点是_____。

4. 锂离子蓄电池，可以_____、_____、_____但_____和_____。

5. 最早的燃料蓄电池是在_____年_____使用_____产生的氢气和氧气而制造成功的。

6. 燃料蓄电池在产生电能时，内部参加反应的反应物质经过不断的_____，由于其不可重复使用性，需不间断的_____。

7. 表格填写

混合动力汽车 动力连接方式	串联式	并联式
对动力蓄电池的要求		

（二）判断题

1. 铅酸蓄电池质量大，充电放电功能较差，循环寿命短等因素严重制约其发展成动力蓄电池的主流。　　　　　　　　　　　　　　　　　　　　　　　　　　　　　（　　）

2. 镍氢蓄电池具有高比功率、电流充放电大、无污染、安全性能好等优点，缺点是具有轻度记忆效应，高温环境下性能差。　　　　　　　　　　　　　　　　　　（　　）

3. 锂离子蓄电池性能比较高,可以快速充电、高功率放电、能量密度高且循环寿命长,但价格高和高温下安全性能差。   (   )

4. 蓄电池的评价指标有 5 个。   (   )

5. 所有混合动力汽车对动力蓄电池的要求是一样的。   (   )

(三) 简答题

1. 简述各种常见动力蓄电池特点。

2. 纯电动汽车对动力蓄电池具有哪些要求?

3. 混合动力汽车对动力蓄电池有哪些共性要求?

项目二
常见动力蓄电池

在项目一了解了动力蓄电池的基础知识之后,本项目详细介绍常见的各种动力蓄电池组成结构、所用材料、工作原理、性能、市场利用状况等。本项目包括以下 6 个任务。

任务 3　铅酸动力蓄电池认知

任务 4　碱性动力蓄电池认知

任务 5　锂离子动力蓄电池认知

任务 6　燃料电池认知

任务 7　其他动力蓄电池认知

任务 8　动力蓄电池的使用

通过本项目的学习,能够对各种动力蓄电池从结构原理、材料到性能及市场应用状况有一个系统的了解,同时还学会在日常生活中如何正确使用、维护动力蓄电池及一些突发状况的处理方法。

任务3 铅酸动力蓄电池认知

学习目标

❖ **知识目标**

1. 说出铅酸蓄电池的类型及特点；
2. 叙述铅酸动力蓄电池的结构；
3. 叙述铅酸动力蓄电池的储能原理；
4. 描述铅酸动力蓄电池的性能；
5. 说出铅酸动力蓄电池性能影响因素；
6. 铅酸动力蓄电池应用实例。

❖ **能力目标**

1. 能正确识别铅酸动力蓄电池部件；
2. 铅酸蓄电池的检查维护。

建议课时

10课时。

任务描述

铅酸蓄电池是一种常见的动力蓄电池,在传统汽车上一般将其当作12V电源,在新能源汽车中,有时也用铅酸蓄电池作为动力蓄电池为全车提供能量。你能准确识别其各个组成部件吗？同时在汽车使用过程中,我们要学会对蓄电池进行检查维护。

一、理论知识准备

(一)铅酸蓄电池的类型及特点

根据铅酸蓄电池的作用可将其分为3种类型:起动式铅酸蓄电池、牵引式铅酸蓄电池、固定式铅酸蓄电池。这3类蓄电池的性能差异见表3-1。

3类蓄电池性能差异　　　　　　　　　　　　　　　　表3-1

类　型	常用容量(A·h)	正极板	负极板	特　点
起动式铅酸蓄电池	5~200	涂膏式	涂膏式	比功率、比能量高
牵引式铅酸蓄电池	40~1200	管状	涂膏式	可深度充放电
固定式铅酸蓄电池	40~5000	板状	涂膏式	比能量较低、自放电率小

上述3类铅酸蓄电池中,起动式铅酸蓄电池由于不能深度充放电,不能用于电动汽车的主电源,一般仅作为低压辅助电源使用;而固定式铅酸蓄电池虽然容量可以做到很大,但是比能量较低,体积和质量很大,不适用,一般仅用于不间断电源等位置相对固定的场合。牵

引式铅酸蓄电池容量相对较大,可深度充放电,比能量较高,可用于电动汽车主动力电源。

随着铅酸蓄电池技术的不断发展,目前牵引式铅酸动力蓄电池已有很多种类,如开口式铅酸蓄电池、阀控密封铅酸蓄电池(VRLA)、胶体蓄电池、双极性密封铅酸蓄电池、水平式密封铅酸蓄电池、卷绕式圆柱形铅酸蓄电池、超级蓄电池等。铅酸蓄电池作为电动汽车的动力源,虽有许多不足,但由于其技术成熟,可大电流放电,适用温度范围宽和无记忆效应等性能上的优点,原材料的易于获取和价格远低于镍氢蓄电池和锂离子蓄电池,现在仍是电动汽车中非常适用的动力蓄电池。电动汽车上应用的铅酸蓄电池主要是阀控式铅酸蓄电池(VRLA),如图3-1所示。阀控式铅酸蓄电池(VRLA)诞生于20世纪70年代,到1975年时,在一些发达国家已经形成了相当的生产规模,很快就形成了产业化并大量投放市场。这种蓄电池虽然也是铅酸蓄电池,但是它与原来的铅酸蓄电池相比具有很多优点而备受用户欢迎,特别是让那些需要将蓄电池配套设备安装在一起(或一个工作间)的用户青睐,例如UPS、电信设备、移动通信设备、计算机、摩托车、电动汽车等。这是因为VRLA蓄电池是全密封的,不会漏酸,而且在充放电时不会像老式铅酸蓄电池那样会有酸雾放出来而腐蚀设备,污

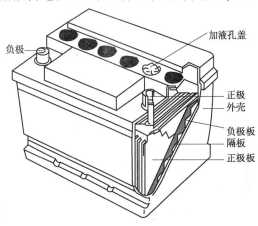

图3-1 阀控式铅酸蓄电池

染环境,所以从结构特性上人们把VRLA蓄电池又称密闭(封)铅酸蓄电池。为了区分,把老式铅酸蓄电池称为开口铅酸蓄电池。由于VRLA蓄电池从结构上来看,它不但是全密封的,而且还有一个可以控制蓄电池内部气体压力的阀,该阀的作用是当蓄电池内部气体量超过一定值(通常用气压值表示),即当蓄电池内部气压升高到一定值时,排气阀自动打开,排出气体,然后自动关阀,防止空气进入蓄电池内部。所以VRLA铅酸蓄电池的全称便成了"阀控式密闭铅酸蓄电池"。

(二)铅酸蓄电池的构造

各种铅酸蓄电池在外形上各异,但主要部件都相似。主要由正极板、负极板、隔板、蓄电池盖、电解液、排气阀和蓄电池外壳组成,如图3-2所示。

上述所有部件组合在一起便构成了一个单体蓄电池(Cell)。为了增加铅酸蓄电池的容量,一般由多块极板组成极群,即多块正极板和多块负极板分别用连接条焊接在一起,共同组成蓄电池组。传统内燃机汽车用的12V铅酸起动蓄电池就是由6个独立的铅酸蓄电池单体组成的。

1. 极板

1)构成及作用

极板是组成蓄电池的基本部件,它的作用是接受充入的电能和向外释放电能。极板由板栅和活性物质组成,蓄电池充、放电的化学反应主要是依靠极板上的活性物质与电解液进行的。极板分正极板和负极板,正极板上的物质是棕红色的二氧化铅(PbO_2),负极板上的物质为青灰色的海绵状纯铅,如图3-3所示。

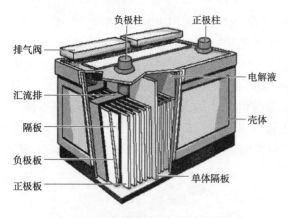

图3-2 铅酸蓄电池的基本结构

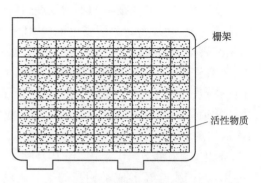

图3-3 蓄电池极板结构

板栅(图3-4),其作用是固定活性物质。材料主要以铅基合金铸成,采用最多的是铅—锑合金和铅—钙合金。

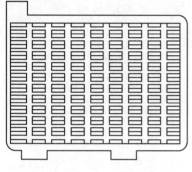

图3-4 蓄电池极板栅架

2)板栅材料的选择

选择适用于铅酸蓄电池的板栅合金,尤其是正极板栅合金时,应考虑以下因素:

(1)力学性能,板栅合金必须有硬度和强度承受蓄电池工作期间机械作用下所遭受的各种变形。

(2)耐腐蚀性能,板栅合金应能抵抗充放电或搁置期间电解液的腐蚀。

(3)活性物质与板栅合金的接触性能,它们之间应有良好的"裹覆力"。

(4)导电能力,板栅本身电阻要小,以便加强极板导电能力和使电流均匀分布的能力。

(5)良好的焊接性能,蓄电池装配中,正极群与负极群是通过焊接而成的,因此板栅要有良好的焊接性能。

2. 电解液

在铅酸蓄电池中,硫酸不仅作为传导电流的电解液使用,而且还作为反应物参加反应,在某种程度上,既是活性物质也是反应物。因此,硫酸的浓度、质量等参数影响反应的进行及性能,铅酸蓄电池的使用性能和寿命与其选用的硫酸电解液的密度和温度有直接关系。

1)硫酸电解液密度的影响

在蓄电池使用中,硫酸电解液密度的选择是以满足蓄电池达到最大的容量,并保证容量输出为先决条件的。硫酸电解液密度,特别是极板孔隙中的硫酸密度,是影响蓄电池工作电压和输出容量的重要因素之一。通常情况下,密度大,意味容量大,寿命短;密度小,意味容量小,寿命长。电解液密度大,活性物质能较多地发挥效能,即利用率高。然而,随着循环次数增多,电解液密度大,能促使二氧化铅粒子泥浆化,结合力降低,电阻变大,在频繁使用的条件下,活性物质会很快地脱落,蓄电池寿命会大大缩短。特别是当极板孔隙中硫酸电解液的密度与极板外部的浓度出现不平衡,引起密度差极化时,蓄电池的端电压下降很快,容量输出减小也很快。譬如,车辆起动用蓄电池的硫酸电解液密度要比其他用途蓄电池电解液的密度大。这是因为,车用蓄电池受体积的限制,容不下更多的硫酸电解液,所以要选用密度较大的硫酸电解液,以使蓄电池内部有限的空间提供尽可能多的硫酸。但是,硫酸电解液的密度也不宜太高,否则电解液的黏度增大,影响电解液中带电离子的扩散,降低蓄电池的容量输出。同时,随着选用的电解液密度增加,板栅和隔板腐蚀加剧,造成蓄电池过早损坏。

2) 硫酸电解液温度的影响

蓄电池在较高工作温度下,电解液的黏度下降,电解离子扩散速度快,电解液电导率高,极板极化轻,蓄电池容量输出就大;而蓄电池在低温工作条件下,硫酸电解液的黏度和电阻都大,电解离子扩散困难,浓差极化明显,致使极板活性物质内部的化学反应难于顺利进行,特别是大电流放电时,容量会急剧减少。此外,温度降低时,硫酸铅在硫酸电解液中的溶解度也将降低,这必然造成极板周围的铅离子饱和,迫使形成的硫酸铅结晶致密,阻碍活性物质与硫酸电解液充分接触,从而使蓄电池容量输出减小。因此,使用中给低温条件工作的蓄电池适度加温,对于改善蓄电池的工作性能有一定的效果。蓄电池在放电时如果硫酸电解液的温度较高,就会因极板表面的硫酸铅在硫酸电解液中的过饱和程度降低,而有利于形成疏松的硫酸铅结晶,使之在充电时生成粗大坚固的二氧化铅层,从而可延长极板活性物质的使用寿命。但是,蓄电池在充电时如果硫酸电解液的温度过高,则会使电解液扩散加快,加剧极板栅腐蚀,缩短蓄电池的使用寿命。因此,合理控制蓄电池电解液的温度,对增加蓄电池容量、延长其使用寿命是很有必要的。

3. 活性物质

影响蓄电池比能量的一个重要因素是活性物质的利用率。为了提高铅酸蓄电池的比能量就必须设法提高活性物质的利用率,特别是正极活性物质的利用率。

1) 影响活性物质利用率的因素

(1) 蓄电池的放电倍率。蓄电池的放电倍率越高,放电电流密度越大,电流在点极上的分布越不均匀。电流优先分布在离主体电解液最近的表面上,优先生成 P_bSO_4,而 P_bSO_4 体积大于 P_bO_2 和 P_b,堵塞了多孔电极孔口,里面活性物质得不到充足的电解液进行反应,降低了活性物质利用率。

(2) 活性物质的物理结构。这里的物理结构主要是指孔率、孔径及表面积。活性物质质量一定的情况下,孔率越大,颗粒尺寸越小,小孔所占比例越大,比表面积越高,活性物质与电解液接触表面大,同时电解液也越容易扩散到活性物质深处,从而提高活性物质利用率。

2) 提高活性物质利用率的方法

(1) 在使用过程中尽量不要长时间处于高放电倍率状态。

(2) 向正极活性物质中添加少量的各向异性石墨,增大活性物质中大孔的体积百分数以及极板中电解液与活性物质的比例。

(3) 增加电解液密度。

(4) 在电解液中加添加剂增加导电性,减少溶液电阻值。

4. 铅酸蓄电池隔板

1) 隔板的分类

(1) 骨架结构式隔板。常见的有 PE、PP 隔板,骨架结构式隔板由坚硬的内部结构材料制成,一般有聚合物,它耐热、耐化学反应。这类隔板通常带有筋条或制成波浪形,能保持极板与隔板间有一定间隔。

(2)纤维结构式隔板。如AGM隔板,这类隔板以纤维为基本材料,由有机纤维和无机纤维混合而成。常常制成片状或卷筒状。

2)隔板的性能要求

在传统富液式铅酸蓄电池中,隔板只是防止正负极短路的惰性隔离物。它具有良好的离子导电性,物理化学性能长期稳定。

而在阀控式铅酸蓄电池(VRLA)中,隔板除了上述性能外,还应具有以下性质:

(1)有足够的抗拉伸和机械强度,适应机械化生产要求。

(2)有较高的孔率,使酸液分布均匀。

(3)隔板在酸液中不溶解。

(4)隔板具有一定弹性,以保证极板间始终处于紧压状态。

(5)隔板能吸收足够的电解液,保证蓄电池处于贫液状态。

(6)允许电解液自由流动,尤其是在充电状态下,为氧气循环再化合提供气体通路。

(三)铅酸动力蓄电池的储能原理

蓄电池是通过充电将电能转换为化学能储存起来,使用时再将化学能转换为电能释放出来的化学电源装置,蓄电池的工作过程是化学能与电能的相互转化过程。当蓄电池的化学能转化为电能时,称为放电过程;当蓄电池与外界电源相连而将电能转化为化学能储存起来时称为充电过程。

双硫化反应是铅酸蓄电池充、放电反应的理论基础,铅酸蓄电池放电时,正负极均生成硫酸铅。

1. 放电过程

1)负极板

有少量铅溶入电解液生成Pb^{2+},从而在负极板上留下两个电子$2e^-$,使负极板带负电,而Pb^{2+}带正电荷,正、负电荷又要相互吸引,这时Pb^{2+}离子又有沉附于极板的倾向。这两者达到动态平衡时,负极板相对于电解液具有负电位,其电极电位约为$-0.1V$。

Pb^{2+}和电解液中解离出来的SO_4^{2-}发生反应,生成$PbSO_4$,且$PbSO_4$的溶解度很小,所以生成后从溶液中析出,附着在电极上,反应式为:

$$H_2SO_4 \rightarrow 2H^+ + SO_4^{2-} \tag{3-1}$$

$$Pb - 2e^- \rightarrow Pb^{2+} \tag{3-2}$$

$$Pb^{2+} + SO_4^{2-} \rightarrow PbSO_4 \tag{3-3}$$

2)正极板

少量PbO_2溶入电解液,与水反应生成$Pb(OH)_4$,再分离成四价铅离子和氢氧根离子。一部分Pb^{4+}沉附在正极板上,使极板呈正电位,约为$+2.0V$。

若接通外电路,在电动势的作用下,使电路产生电流,在正极板处Pb^{4+}和负极板来的2个电子结合,生成Pb^{2+},Pb^{2+}再与电解液中的SO_4^{2-}结合,生成$PbSO_4$而沉附在正极板上。则正极板上的反应式为:

$$PbO_2 + 2H_2OH \rightarrow Pb(OH)_4 \tag{3-4}$$

$$Pb(OH)_4 \rightarrow Pb^{4+} + 4OH^- \quad (3\text{-}5)$$

$$Pb^{4+} + 2e^- \rightarrow Pb^{2+} \quad (3\text{-}6)$$

$$H^+ + OH^- \rightarrow H_2O \quad (3\text{-}7)$$

$$Pb^{2+} + SO_4^{2-} \rightarrow PbSO_4 \quad (3\text{-}8)$$

3) 放电过程总反应式

$$PbO_2 + 2H_2SO_4 + P_b \rightarrow PbSO_4 + 2H_2OH + PbSO_4 \quad (3\text{-}9)$$

电解液中存在的 H^+ 和 SO_4^{2-} 在电场的作用下分别移向蓄电池的正负极, 在蓄电池内部产生电流, 形成回路, 就可以使蓄电池向外持续放电。

如果外电路不中断, 正、负极板上的 PbO_2 和 Pb 将不断地转化为 $PbSO_4$。电解液中的 H_2SO_4 将不断的减小, 而 H_2OH 增多, 电解液相对密度下降。理论上讲, 放电过程将进行到极板上的活性物质全部变为 $PbSO_4$ 为止。但由于电解液不能渗透到活性物质的最内层中去, 在使用中, 所谓放电完了的蓄电池, 也只有 20%～30% 的活性物质变成了 $PbSO_4$。故采用薄型板, 增加多孔率, 有利于提高活性物质的利用率。

2. 充电过程

充电时, 负极板上的 $PbSO_4$ 进入溶液, 解离成 Pb^{2+} 与 SO_4^{2-}。电解液中的 H_2OH 解离成 H^+ 与 OH^-。在负极上, 充电时负极板上的 Pb^{2+} 这时获得两个电子, 被还原成 Pb 以海绵状固态析出, 这时电解液中的 H^+ 移向负极, 在负极附近与 SO_4^{2-} 结合成 H_2SO_4。充电时, 蓄电池接直流电源, 因直流电源端电压高于蓄电池电动势, 故电流从正极流入, 负极流出。这时, 正、负极板发生的反应与放电过程相反。

1) 负极板充电过程反应

有少量 $PbSO_4$ 溶入电解液中, 变成 Pb^{2+} 和 SO_4^{2-}, Pb^{2+} 在电源作用下获得两个电子变成 Pb, 负极板上, SO_4^{2-} 则和电解液中 H^+ 结合变成 H_2SO_4。可见充电过程中消耗了水, 生成了硫酸, 故充电时电解液的相对密度是上升的, 而放电时电解液相对密度是下降的。负极的反应式为:

$$PbSO_4 \rightarrow Pb^{2+} + SO_4^{2-} \quad (3\text{-}10)$$

$$Pb^{2+} + 2e^- \rightarrow Pb \quad (3\text{-}11)$$

$$2H^+ + SO_4^{2-} \rightarrow H_2SO_4 \quad (3\text{-}12)$$

2) 正极板充电过程反应

有少量 $PbSO_4$ 溶于电解液变成 Pb^{2+} 和 SO_4^{2-}, Pb^{2+} 在电源力作用下失去两个电子变成 Pb^{4+}, 它又和电解液中 OH^- 结合, 生成 $Pb(OH)_4$, $Pb(OH)_4$ 又分解成 PbO_2 和 H_2OH, PbO_2 沉附在正极板上, 而 SO_4^{2-} 与电解液中的 H^+ 结合成 H_2SO_4。因此, 正极反应式为:

$$PbSO_4 \rightarrow Pb^{2+} + SO_4^{2-} \quad (3\text{-}13)$$

$$Pb^{2+} - 2e^- \rightarrow Pb^{4+} \quad (3\text{-}14)$$

$$Pb^{4+} + 4OH^- \rightarrow Pb(OH)_4 \quad (3\text{-}15)$$

$$Pb(OH)_4 \rightarrow PbO_2 + H_2OH \quad (3\text{-}16)$$

$$2H^+ + SO_4^{2-} \rightarrow H_2SO_4 \quad (3\text{-}17)$$

3) 充电过程的总反应

充电过程中, 正、负极板上的有效物质逐渐恢复, 电解液 H_2SO_4 相对密度逐渐增加, 所以从相对密度升高的数值也可以判断它充电的程度。电解液中,正极不断产生游离的H^+和SO_4^{2-},负极不断产生SO_4^{2-},在电场的作用下,H^+向负极移动,SO_4^{2-}向正极移动,形成电流。

$$PbSO_4 + 2H_2OH + PbSO_4 \rightarrow PbO_2 + 2H_2SO_4 + Pb \qquad (3-18)$$

到充电终期,$PbSO_4$绝大部分反应为PbO_2和海绵状Pb,如继续充电,就要引起水的分解,正极放出O_2,负极放出H_2。

$$2H_2O \rightarrow 2O_2\uparrow + 2H_2\uparrow \qquad (3-19)$$

(四) 铅酸动力蓄电池的性能

1. 充电特性

在铅酸蓄电池中,无论是单体蓄电池还是蓄电池组,最常见的充电方法是恒流限压法,充电特性是指恒流充电过程中,蓄电池端电压U_f、电动势E和电解液密度γ随t时间的变化关系。如图3-5所示。

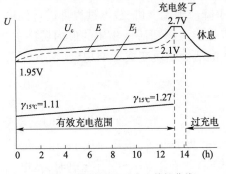

图3-5 铅酸蓄电池充电特性曲线

根据图3-5所示,充电过程可分为以下4个阶段。

1) 迅速上升阶段

开始充电时,在极板的孔隙表层中首先形成大量硫酸,这些硫酸来不及扩散,致使空隙中硫酸密度增大,使蓄电池端电压及电动势迅速上升。

2) 平稳上升阶段

此时孔隙中产生硫酸的速度和其向外扩散的速度相同,蓄电池的端电压和电动势随容器内电解液密度的上升而缓慢上升。

3) 急剧上升阶段

当电压上升到2.3~2.4V时,极板上的活性物质大多恢复为铅和二氧化铅,继续充电,则会开始电解水,产生H_2和O_2以气泡的形式放出。但是氢离子在负极板处不能立即与电子结合成H_2,于是在负极板处聚集了大量氢离子,使电解液与负极板产生了附加电位差0.33V,因而端电压上升到2.7V。

4) 急剧下降阶段

端电压上升到2.7V后应立即停止充电,若继续充电,否则称为"过充电"。过充电会产生大量气泡从极板孔隙中逸出,导致活性物质脱落,使蓄电池容量下降。停止充电后,氢离子形成H_2逸出,孔隙硫酸向外扩散,电解液混合均匀,端电压迅速下降到稳定值。

5) 充电终了

充电终了标志:电解液密度上升至最大值,2~3h内不会再上升;单格蓄电池电压上升至最大值(2.7V),且2~3h内不再上升。

2. 放电特性

放电特性是指恒流充电蓄电池端电压U_f、电动势E和电解液密度γ随t时间的变化关系。如图3-6所示。同样,放电过程也分为4个阶段。

1) 开始放电阶段

开始放电时,化学反应先消耗的是极板孔内的硫酸,而该范围内的硫酸有限,外部电解液中的硫酸不能及时补充进来,使极板孔内的硫酸密度下降,电动势及端电压迅速下降。

2)相对稳定阶段

随着极板孔内硫酸浓度不断下降,孔隙内和外部电解液之间的浓度差不断增大,在浓度差的作用下,硫酸向孔隙内扩散的速度不断加快,从而使放电电压和放电电流得以维持。当孔隙内的硫酸消耗和外部向内补充的硫酸基本一致时,极板孔隙内外浓度差将保持一定值。此时孔隙内电解液的浓度将随着外电解液一起缓慢下降,端电压也随之下降。

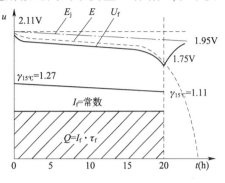

图 3-6 铅酸蓄电池放电特性曲线

3)迅速下降阶段

相对稳定阶段持续一段时间之后,端电压会迅速下降,以下原因导致端电压迅速下降。

(1)电解液浓度大大下降,向孔隙内补充的速度减慢。

(2)极板表面硫酸铅增多,使孔隙减小,甚至将极板活性物质与电解液隔离开来。

(3)硫酸铅导电能力差。放电时间越长,产生的硫酸铅就越多,内阻越大。

4)电压回升阶段

停止放电后,由于放电电流为0,内阻上的压降就为0。因有足够的时间让电解液重新混合均匀,所以端电压可以回升到与此时电解液密度相对应的电动势数值。

5)放电终了

放电终了特征:蓄电池电压下降到放电终止电压值;电解液相对密度下降到最低许可值,约为1.11。

3. 自放电性能

蓄电池在开路不用的状态下,其容量和开路电压都会逐渐下降,这就是自放电现象。

1)负极产生的自放电

负极产生自放电主要是由于氢析出引起的,氢析出引起的混合电动势在 -0.32~0V 之间。其反应式为:

$$Pb + H_2SO_4 \rightarrow H_2 + PbSO_4 \quad (3-20)$$

同时在负极产生自放电还有一个原因是氧还原,其反应式为:

$$Pb + 1/2\ O_2 \rightarrow PbO \quad (3-21)$$

2)正极自放电反应

正极上产生自放电主要是因为氧的析出和铅的腐蚀。过程与负极类似。

(五)铅酸动力蓄电池性能影响因素

1. 温度对铅酸蓄电池性能的影响

铅酸蓄电池在充电和放电时都伴随有热效应,蓄电池的热效应可分为两部分。一是产生焦耳热,为克服蓄电池极化和欧姆内阻而产生的压降,损失的电压全部转化成热能;二是发生反应时的放热和吸热,理论上,蓄电池放电时为吸热,充电时为放热。

在放电时,由于有焦耳热的存在,电解液温度实际上不会降低,并且随放电过程的进行,蓄电池内阻增加,温度上升;充电时则为两种温度的叠加,温度同样会上升。

温度对蓄电池的容量和电动势都有很大影响,电解液温度高时扩散速度增加、电阻降低,其蓄电池电动势也略有增加,即容量及活性物质利用率随温度的增加而增加。反之,电解液温度降低时,其黏度增大,离子扩散速度降低,同时在低温时,电解液内阻也增大,电化学反应阻力增大,结果导致蓄电池容量下降。

图 3-7 所示为铅酸蓄电池在不同温度下的放电曲线

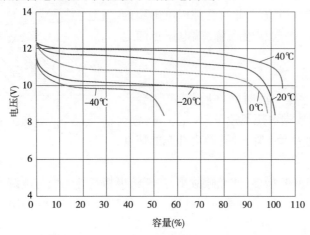

图 3-7　铅酸蓄电池在不同温度下的放电曲线

2. 放电深度对铅酸蓄电池性能的影响

铅酸蓄电池在不同的放电深度下,蓄电池充电接受能力具有很大差别,这种差别直接反应为充电过程中恒流充电时间的变化。

充电曲线形状基本相同,仅在恒流充电时间上存在差别。放电深度大,恒流时间长,反之,恒流时间短。

在蓄电池不同的放电深度反映蓄电池使用性能的主要参数有蓄电池放电功率和内阻两项,分别代表蓄电池输出能力和自身能量消耗情况。按蓄电池内阻构成情况分析,蓄电池内阻随蓄电池状态改变而改变。

(六) 铅酸动力蓄电池应用实例

1. 电动自行车

电动自行车以其轻便、省时省力、环保、价格低等优点,迅速成为居民中短距离出行的新型代步工具,在满足广大市民交通需求方面发挥了重要作用,从 1995 年清华大学研制的第一辆轻型电动自行车问世,到现在林林总总的电动自行车系列产品,过去的 20 年中,中国电动自行车事业从无到有,再发展成为目前全球最大的轻型电动车产业,短短数十载,已经成就了让全球仰慕的电动自行车产业。图 3-8 所示是近年来我国电动自行车保有量的变化情况。

全球电动自行车市场发展迅速,在发达国家,电动自行车被认为是在休闲时间使用的交通工具或作为健身工具。根据中国蓄电池工业协会发布的信息,我国 1998~2010 年 13 年间电动自行车行业快速发展,平均增速达到 68%,特别是 2005 年以来,产业规模迅速扩大。2010 年全国电动自行车产量达到 2954 万辆,再创历史新高;从出口方面来看,2010 年电动自行车出口从金融危机中迅速恢复,达到 58 万辆,同比增长 44.6%,日本、西欧、北美是主要出口市场。据中国自行车协会统计,2011年全国电动自行车产量3096万辆,同比增长4.8%;2012年电动自行车产量3505万辆,同比增长13%。经历了四部委联合整顿并受到铅酸蓄电池行业环保整治波及的电动自行车行业已进入了增速放缓、发展稳定的时期。

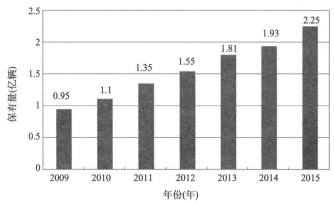

图3-8　电动自行车保有量

2009年中国电动自行车的市场保有量为1.2亿辆,而且以每年30%的速度增长。作为绿色能源产业中的一支,中国电动自行车产业已经连续保持了10多年的高速增长,特别是2011年以来,年产销量都超过3000万辆,2012年更是达到3505万辆,目前中国电动自行车社会保有量已经达到1.62亿辆以上。从能耗角度看,电动自行车只有摩托车的1/8、小轿车的1/12。从占有空间看,一辆电动自行车占有的空间只有一般私家车的1/20,成为非常有效的节能交通工具。

根据统计,铅酸蓄电池配套的电动自行车占全行业总量的97.5%,这反映了铅酸蓄电池作为动力蓄电池应用在电动自行车上成功经受住了市场的考验,推动了电动自行车市场的不断扩大。虽然铅酸蓄电池本身存在产品使用寿命、蓄电池回收处理和产品结构优化等问题,但从电动自行车产业的发展来看,短时期内还没有一种动力蓄电池可以完全替代铅酸蓄电池。

由于技术的限制,电动自行车蓄电池每一年半就会被替换一次,这意味着电动自行车蓄电池的消费不仅产生于电动自行车生产阶段,电动自行车使用寿命中的不断更换也产生巨大需求。

2. 电动牵引车

图3-9所示为一种电动牵引车,电动牵引车是制造工厂、物流中心及仓库等搬运产品的常用运输工具,主要采用富液管式铅酸蓄电池或胶体VRLA蓄电池作动力电源,具有无污染、无噪声等优点,尤其是需要举升重物时,铅酸动力蓄电池还可以起到配重的作用。

3. 低速纯电动车

在二三线城市及农村地区,以阀控式密封蓄电池为动力源的低速纯电动汽车,凭借其购车成本和使用成本低、环保低噪、驾驶技术要求低、安全等优点得到人们的欢迎,在我国许多省份,如山东、广东、河南等地有许多低速电动车企发展起来。

如图3-10所示的山东时风电动汽车,其主要采用铅酸蓄电池作为动力电源,所用的铅酸蓄电池容量为260A·h,额定电压为60V,由10块GD04B铅酸动力蓄电池串联而成,是山东低速电动汽车的代表之一,因其价格低廉,得到山东省内用户广泛认可。如图 3-11 ~ 图 3-13 都是运用铅酸动力蓄电池低速电动汽车的代表。

图 3-9　电动牵引车

图 3-10　时风 D306

图 3-11　道爵开拓者

图 3-12　御捷 E330

图 3-13　雷丁小王子

4. 纯电动乘用车

总部设立在美国的先进铅酸蓄电池联合会(ALABC)一直致力于铅酸蓄电池在纯电动汽车和混合动力电动汽车上的应用研究,并取得突破性进展。

采用铅酸动力蓄电池作为电源的纯电动乘用车的典型代表是风靡一时的美国通用汽车公司(GM)的纯电动汽车 EV-1,图 3-14 所示为 EV-1 电动汽车。

该车在 1997 年推出,到 1999 年共制造了 1117 辆。当时的 EV-1 时速为 100km/h,一次充电续航里程为 112km,蓄电池质量为 500kg,蓄电池容量为 60A·h,售价为 33995 美元。1999 年,美国还推出第二代 EV-1,但由于种种原因,到 2004 年 GM 公司终止了这一计划。

5. 电动商用车

现在市场上,有许多电动商用车上都是用了铅酸动力蓄电池,如图 3-15 所示,株洲时代集团研发的 TEG6120EV-2 型电动大客车采用水平铅酸动力蓄电池为动力源,工作电压为

384V,最高车速为70km/h;少林小型客车,如图3-16所示,续航里程为180km;宇通E7团体客车,采用的也是铅酸动力蓄电池作为动力源,续航里程达150km,最高车速为69km/h。

图3-14　EV-1电动汽车

除此之外,现在绝大多数公交汽车采用的是铅酸动力蓄电池,如宇通E系列公交车,图3-17所示的宇通E6公交车,城市公交车;五洲龙公司生产的纯电动公交车,如图3-18所示。

图3-15　TEG6120EV-2型电动大客车

图3-16　少林小型客车

图3-17　宇通E6公交车

图3-18　五洲龙纯电动公交车

二、任务实施

1. 准备工作

(1)防护工具:绝缘防护工具。

(2)设备:铅酸蓄电池解剖台、绝缘工具、BYDe6、数字万用表、数字温度计。

2. 技术要求与注意事项

(1)遵守实训室规章制度。

(2)操作过程中要穿戴好绝缘防护用具。

3. 操作步骤

1) 认识铅酸蓄电池部件

(1) 拧下解剖台两颗紧固螺栓,螺栓位置如图 3-19 所示。

(2) 拆下上端防护条,位置如图 3-20 所示。

图 3-19　螺栓位置

图 3-20　防护条位置

(3) 取下 4 个紧固件,位置如图 3-21 所示。

(4) 拆下上壳体板,如图 3-22 所示。

图 3-21　紧固件位置

图 3-22　上壳体板

图 3-23　铅酸蓄电池内部结构

(5) 认真观察内部结构,如图 3-23 所示,拿便利贴写下所有部件名称,并将其贴在部件上。

(6) 安装好拆卸部件。

2) 铅酸蓄电池检查维护

(1) 打开 e6 汽车前舱盖开关,如图 3-24 所示,前舱盖开启开关位于驾驶室靠左脚位置。

(2) 架起前舱盖支撑杆,如图 3-25 所示。

(3) 断开蓄电池负极。

(4) 检查蓄电池壳、盖有无鼓胀、漏电解液及损伤;外观异常先确认其原因,若影响正常使用则加以更换。

(5) 检查有无灰尘污渍,清洁,湿布清扫灰尘污渍。

(6) 查连接线、端子等处有无生锈、松动等异常,出现锈迹则进行除锈、更换连接线、涂抹防锈剂等处理,如松动,拧紧接线处螺栓,如图 3-26 所示。

(7) 左右轻轻晃动蓄电池,看其是否稳固,如不稳固,拧紧固定螺栓,如图 3-27 所示。

图 3-24 前舱盖开关

图 3-25 前舱盖支撑

图 3-26 正负极端子

图 3-27 蓄电池紧固螺栓

(8) 如图 3-28 所示,用万用表测量蓄电池电压,看其是否正常。

图 3-28 蓄电池电压测量

(9)如图 3-29 所示,通过观察孔检查蓄电池电量是否正常。

图 3-29 观察孔位置

(10)用数字温度计测量蓄电池表面温度,正常值应在 35℃以下。

三、技能考核标准

技能考核标准见表 3-2。

技能考核标准　　　　　　　　表 3-2

序号	项目	操作内容	规定分	评分标准	得分
1	解剖拆装	(1)紧固件的拆装; (2)上壳体板的拆装	10 分	(1)正确选用工具得 4 分; (2)能独立完成得 6 分	
2	部件认识	(1)写出部件名称; (2)将部件名称贴在对应的位置	30 分	(1)正确书写一个部件名称得 1 分; (2)准确将部件贴在相应位置,对 1 个得 5 分	
3	蓄电池检查维护	(1)开盖准备; (2)外观检查; (3)连接检查; (4)电压测量; (5)电量检测; (6)温度检测	60 分	(1)正确进行开盖准备 10 分; (2)外观检查及连接检查,每少检查一个部位扣 2 分; (3)电压、电量及温度检测正确,使用工具正确得 5 分;测量结果准确得 5 分	
	总分		100 分		

四、思考与练习

(一)填空题

1. 铅酸蓄电池按_____分,可分为_____、_____、_____。
2. 目前牵引式铅酸动力蓄电池已有很多种类,如_____、_____、_____、_____、_____、_____、_____等。
3. VRLA 铅酸蓄电池的全称便成了_____。改阀的作用是_____。
4. 蓄电池是通过充电将_____转换为_____储存起来,使用时再将_____转换为_____释放出来的化学电源装置。

5. _____是铅酸蓄电池充、放电反应的理论基础,及铅酸蓄电池放电时,正负极均生成_____。

6. 放电总反应式为_____。

7. 充电总反应式为_____。

8. 铅酸蓄电池由_____、_____、_____、_____、_____、_____和_____组成。

9. 极板由_____和_____组成,它的作用是_____和_____。

10. 电解液密度大,意味_____,_____;密度小,意味_____,_____,_____能较多地发挥效能,即_____。

11. 影响活性物质利用率的因素有_____、_____。

12. 隔板可分为_____、_____。

13. 充电过程可_____、_____、_____、_____。

14. 负极产生自放电主要是由于_____和_____,正极上产生自放电主要是因为_____和_____。

15. _____和_____是影响动力蓄电池性能的主要因素。

(二) 单项选择题

1. 牵引式铅酸蓄电池能作为动力蓄电池最大的优势是(   )。
   A. 比功率、比能量高
   B. 可深度充放电
   C. 比能量较低、自放电率小
   D. 以上都是

2. 阀控式铅酸蓄电池(VRLA)诞生于(   )世纪(   )年代。
   A. 20;70   B. 19;70   C. 20;80   D. 19;80

3. 在放电过程中,负极板上的电子来源于(   )。
   A. 硫酸根离子   B. 铅溶于水失去的电子
   C. 氢氧根离子   D. 正极板

4. 正极板呈现正电荷主要是因为(   )。
   A. 上面附着铅离子   B. 上面附着氢离子
   C. 上面附着4价铅离子   D. 以上都是

5. 在充电过程中H^+移向(   ),SO_4^{2-}移向(   )。
   A. 正极;正极   B. 负极;负极
   C. 正极;负极   D. 负极;正极

6. 铅酸蓄电池中,一个正极板和负极板之间产生的理论电压为(   )。
   A. 2V   B. 2.1V   C. 2.3V   D. 1.9V

7. 硫酸电解液密度与蓄电池容量的关系是(   )。
   A. 密度越高,容量越小   B. 密度越高,容量越大
   C. 密度越低,容量越大   D. 没有任何关系

8. 下列说法错误的是( )。
   A. 放电倍率越高,活性物质利用率越低
   B. 孔率越高,活性物质利用率越高
   C. 颗粒尺寸越大,活性物质利用率越低
   D. 电解液扩散到活性物质的深度越深,利用率越低。

9. 在充电过程中,刚开始时迅速上升主要是因为( )。
   A. 硫酸产生的速度最快   B. 硫酸扩散速度快
   C. 局部硫酸浓度高   D. 其他

10. 在放电过程中,迅速下降阶段端电压迅速下降的原因是( )。
    A. 电解液浓度下降   B. 极板表面硫酸铅增多
    C. 硫酸铅导电能力差,内阻变大 D. 以上都是

11. 放电终了特征:蓄电池电压下降到放电终止电压值;电解液相对密度下降到最低许可值,约为( )。
    A. 11.11   B. 1.01   C. 1.11   D. 1.111

12. 铅酸蓄电池最常见的充电方法是( )。
    A. 恒流充电法   B. 恒压充电法
    C. 恒压限流法   D. 恒流限压法

13. 下列说法错误的是( )。
    A. 温度对蓄电池的容量和电动势都有很大影响
    B. 电解液温度高时扩散速度增加、电阻增加
    C. 温度高时蓄电池电动势也略有增加
    D. 容量及活性物质利用率随温度的增加而增加

14. 下列哪些车上运用了铅酸动力蓄电池( )。
    A. 低速电动车   B. 电动商用车   C. 牵引电动车   D. 以上都是

15. 正规回收的比例仅不到( ),近( )的废铅酸蓄电池仍通过个体商贩流入非法回收和处理环节。
    A. 40%;60%   B. 30%;70%   C. 70%;30%   D. 20%;80%

(三) 图表题

1. 表格填写。

类　　型	常用容量(A·h)	正极板	负极板	特　　点
	5~200		涂膏式	比功率、比能量高
牵引式铅酸蓄电池	40~1200		涂膏式	
固定式铅酸蓄电池				比能量较低、自放电率小

2. 在括号中填出铅酸蓄电池各个部件的名称。
3. 请在下面图片空格中填上合理数值。

(四) 简答题

1. 为什么牵引式铅酸蓄电池最适合作为电动汽车动力源?
2. 选择极板材料时因考虑的因素有哪些?

3. 提高活性物质利用率的方法有哪些?
4. 简述动力蓄电池充放电特性。
5. 简述动力蓄电池国内外回收状况。

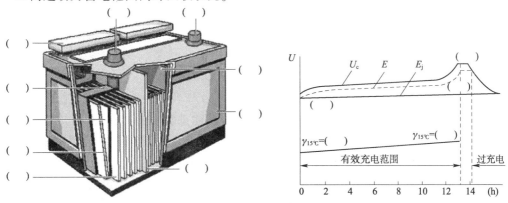

任务4 碱性动力蓄电池认知

> **学习目标**
>
> ❖ **知识目标**
> 1. 描述镍镉蓄电池基本结构及储能原理;
> 2. 说出镍镉蓄电池的基本特性;
> 3. 描述镍氢蓄电池的结构;
> 4. 分析镍氢蓄电池的储能原理;
> 5. 说出镍氢蓄电池特性;
> 6. 说出镍氢蓄电池应用领域。
>
> ❖ **能力目标**
> 1. 准确辨别镍氢蓄电池的组成部件;
> 2. 能够准确辨认普锐斯动力蓄电池组成结构;
> 3. 能对普锐斯动力蓄电池做简单检测。
>
> **建议课时**
> 8课时。
>
> **任务描述**
> 镍氢蓄电池也是一种常见的车用动力蓄电池,丰田普锐斯采用的就是镍氢蓄电池,作为一种常见的动力蓄电池,你对此有多少了解呢?

一、理论知识准备

(一)碱性动力蓄电池概述

碱性蓄电池是以氢氧化钾等的碱性水溶液作为电解液的二次蓄电池的总称。根据极板活性物质的材料不同,可分为 Cd–Ni 蓄电池、MH–Ni 蓄电池、Zn–Ni 蓄电池等。一般情况下,电解液中的氢氧化钾不直接参与电极反应。相对铅酸蓄电池,碱性蓄电池具有比能量高、耐过充电性好和密封性好等优点,缺点是价格高。

最早的碱性蓄电池是瑞典 Waldmar Jungner 于 1899 年发明的 Cd-Ni 蓄电池和爱迪生于 1901 年发明的 Fe-Ni 蓄电池,Fe-Ni 蓄电池曾经作为碱性蓄电池的代表生产了较长的时间,随后被循环寿命较长的密闭烧结式 Cd-Ni 蓄电池所取代。20 世纪 70~80 年代,镍镉蓄电池曾经用作电动车辆的动力蓄电池。20 世纪末,MH-Ni 蓄电池成为研究的热点。1984 年,飞利浦公司成功研制出 $LaNi_5$ 储氢合金并制备出 MH-Ni 蓄电池,由于其优良的充放电性能、无污染、高容量和高能量密度等特点,备受消费者的青睐。从 20 世纪 90 年代到现在,MH-Ni 蓄电池一直是二次蓄电池市场的主流产品,不但广泛应用于各类消费型电子产品上,而且用于电动工具和电动车电源,目前商品化程度最好的就是日本丰田公司混合电动车使用的 MH-Ni 蓄电池。

(二)镍镉蓄电池

1. 镍镉蓄电池的结构及储能原理

1)镍镉蓄电池的结构

镍镉蓄电池(Ni-Cd)因其碱性氢化物中含有金属镍和镉而得名。镍氢蓄电池结构示意图如图 4-1 所示,镍镉蓄电池的正极材料为球型氢氧化镍,负极材料为海绵状金属镉或氧化镉粉以及氧化铁粉,氧化铁粉的作用是使氧化镉粉有更高的扩散性,增加极板容量。

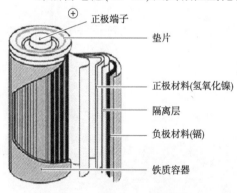

图 4-1 镍镉蓄电池结构示意图

2)镍镉蓄电池的储能原理

(1)放电过程中的电化学反应。

①负极反应为:

$$Cd + 2OH^- \rightarrow Cd(OH)_2 + 2e^- \quad (4-1)$$

负极上的镉失去两个电子后变成二价镉离子 Cd^{2+},然后立即与溶液中的两个氢氧根离子 OH^- 结合生成氢氧化镉 $Cd(OH)_2$,沉积到负极板上。

②正极反应为:

$$NiOOH + H_2O + e^- \rightarrow Ni(OH)_2 + OH^- \quad (4-2)$$

正极板上的活性物质是氢氧化镍(NiOOH)晶体。镍为正三价离子(Ni^{3+}),晶格中每两个镍离子可从外电路获得负极转移出的两个电子,生成两个二价离子 $2Ni^{2+}$。与此同时,溶液中每两个水分子电离出的两个氢离子进入正极板,与晶格上的两个氧负离子结合,生成两个氢氧根离子,然后与晶格上原有的两个氢氧根离子一起,与两个二价镍离子生成两个氢氧化亚镍晶体。

将以上两式相加,即得镍镉蓄电池放电时的总反应为:
$$Cd + 2NiOOH + H_2O \rightarrow Cd(OH)_2 + 2Ni(OH)_2 \qquad (4-3)$$

(2)充电过程中的化学反应。充电时,将蓄电池的正、负极分别与充电机的正极和负极相连,蓄电池内部发生与放电时完全相反的电化学反应,即负极发生还原反应,正极发生氧化反应。

①负极反应式为:
$$Cd(OH)_2 + 2e^- \rightarrow Cd + 2OH^- \qquad (4-4)$$

充电时负极板上的氢氧化镉,先电离成镉离子和氢氧根离子,然后镉离子从外电路获得电子,生成镉原子附着在极板上,而氢氧根离子进入溶液参与正极反应。

②正极反应式为:
$$Ni(OH)_2 + OH^- \rightarrow NiOOH + H_2O + e^- \qquad (4-5)$$

在外电源的作用下,正极板上的氢氧化亚镍晶格中,两个二价镍离子各失去一个电子生成三价镍离子,同时,晶格中两个氢氧根离子各释放出一个氢离子,将氧负离子留在晶格上,释放出的氢离子与溶液中的氢氧根离子结合,生成水分子。然后,两个三价镍离子与两个氧负离子和剩下的两个氢氧根离子结合,生成两个氢氧化镍晶体。

将以上两式相加,即得镍镉蓄电池充电时的电化学反应式为:
$$Cd(OH)_2 + 2Ni(OH)_2 \rightarrow Cd + 2NiOOH + 2H_2O \qquad (4-6)$$

蓄电池充电终了时,充电电流将使蓄电池内发生分解水的反应,在正、负极板上将分别有大量氧气和氢气析出。

从上述电极反应可以看出,氢氧化钠或氢氧化钾并不直接参与反应,只起导电作用。从蓄电池反应来看,充电过程中生成水分子,放电过程中消耗水分子,因此充、放电过程中电解液浓度变化很小,不能用密度计检测充放电程度。

2. 镍镉蓄电池的基本性能

1)充放电性能

镍镉蓄电池的标准电动势是1.299V,额定电压是1.2V,平均工作电压是1.20~1.25V。刚充完电的蓄电池开路电压较高,可达到1.4V以上,放置一段时间后,开路电压会降到1.35V左右。

如图4-2所示,当以0.5C对镍镉蓄电池进行充电,在充电开始时,蓄电池电压在1.3V左右,随着充电进行,电压缓缓上升到1.4~1.5V并稳定较长时间,当蓄电池充电容量达到100%之后,电压会急剧上升后下降。

镍镉蓄电池放电曲线比较平稳,只是在放电终止时电压突然下降,一般以0.2C放电时,电压稳定在1.2V左右,如图4-3所示。

2)倍率持续放电特性

动力镍镉蓄电池允许大电流放电而不会损坏,允许放电倍率在10C以上,但是大电流放电时,电压下降很快,蓄电池可放出的能量下降。

3)高低温放电性能

在一定范围内,温度升高时,镍镉蓄电池的容量会增加,温度降低,电解液的电阻增加,会使镍镉蓄电池的容量降低。但温度超过50℃时,正极的析氧过电势降低,正极充电不完全;同时镉的溶解会随着温度上升而增大,迁移到隔膜中,容易形成镉枝晶,导致蓄电池内部微短路;另外高温还会加速镍基板腐蚀和隔膜氧化,导致蓄电池失效。

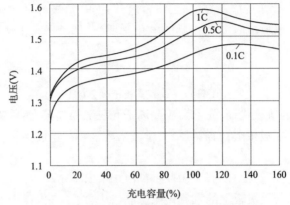

图4-2　镍镉蓄电池在不同充电倍率下的充电曲线

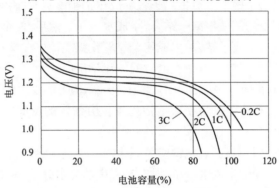

图4-3　镍镉蓄电池在室温下以不同倍率放电曲线

4)耐过充电和过放电性能

镍镉蓄电池具有很好的耐过充电和过放电的能力。1C恒电流持续充电2h,或强迫过放电不超过2h,蓄电池不会损坏。

5)记忆效应

镍镉蓄电池长期不彻底充、放电,易在蓄电池内留下痕迹,降低蓄电池容量,这种现象称为蓄电池的记忆效应。比如,镍镉蓄电池长期只放出80%的电量后开始充电,一段时间后,蓄电池充满电后也只能放出80%的电量。

6)环境污染

镉是镍镉蓄电池的必备原材料,但有大量研究表明,在人体内,镉的半衰期长达730年,可积蓄50年之久,吸入过量的镉可引起肾、肺、肝、骨、生殖系统不良效应及癌症。1993年,国际抗癌联盟就将镉定位IA级致癌物。镉及镉的化合物是不可降解的环境污染物,基于环境保护的原因,许多发达国家已建议禁止使用镍镉蓄电池。

(三)镍氢蓄电池

镍氢蓄电池是在镍镉蓄电池的基础上发展起来的一种新型绿色蓄电池,镍氢蓄电池中没有铅、镉等重金属元素,不会对环境造成污染,能满足混合动力电动汽车所要求的高能量、高功率、长寿命和足够宽的工作温度范围要求。

1. 镍氢蓄电池的结构

镍氢蓄电池主要由图 4-4 所示的几个部分构成,包括正极板、负极板、电解质、隔膜、金属壳体、具有自动密封的安全阀及其他材料。

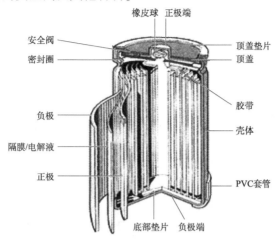

图 4-4　镍氢蓄电池的组成

在这些组成部分中,正极板的材料主要为镍的氢氧化物,负极板主要为轻合金,隔膜有尼龙纤维、聚丙烯纤维和维纶纤维蓄电池隔膜,并且隔膜要求要有保液能力和良好的透气性,电解质以 KOH 溶液为主。图 4-4 所示的圆柱形蓄电池,采用被隔膜隔离开的正、负极板呈螺旋状卷绕在壳体内。为了防止充电过程后期蓄电池内压过高,蓄电池中装有防爆装置,当镍氢蓄电池过充电时,金属壳内的气体压力将逐渐上升。当该压力达到一定数值后,顶盖上的限压安全排气孔打开,因此可以避免蓄电池因气体压力过大而爆炸。

2. 镍氢蓄电池的工作原理

如图 4-5 所示,镍氢蓄电池正极的活性物质为 NiOOH(放电时)和 Ni(OH)$_2$(充电时),负极板的活性物质为 H$_2$(放电时)和 H$_2$O(充电时),电解液采用 30% 的氢氧化钾溶液。

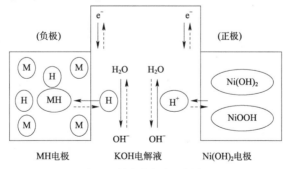

图 4-5　镍氢蓄电池反应原理

充放电时的电化学反应如下。

正极反应式为:

$$\text{Ni(OH)}_2 + \text{OH}^- \underset{\text{放电}}{\overset{\text{充电}}{\rightleftharpoons}} \text{NiOOH} + \text{H}_2\text{O} + e^- \tag{4-7}$$

负极反应式为：

$$x\,H_2O + M + xe^- \underset{\text{放电}}{\overset{\text{充电}}{\rightleftharpoons}} xOH^- + MH_x \tag{4-8}$$

蓄电池反应式为：

$$x\,Ni(OH)_2 + M \underset{\text{放电}}{\overset{\text{充电}}{\rightleftharpoons}} xNiOOH + MH_x \tag{4-9}$$

从以上各反应式可以看出，镍氢蓄电池的反应与镍镉蓄电池相似，只是负极充放电过程中生成物不同。从反应式可以看出，镍氢蓄电池在充放电过程中，不发生任何中间态金属离子，也没有电解液中的任何成分消耗或生成，因此，镍氢蓄电池可以做成密封型结构。

镍氢蓄电池放电时，正极上的 NiOOH 得到电子还原为 Ni(OH)$_2$；负极金属氢化物（MH$_x$）内部的氢原子扩散到表面形成吸附态氢原子，接着再发生电化学反应形成水和储氢合金。在镍氢蓄电池出现放电时，正极活性物质中的 NiOOH 已经消耗完了，这时正极上水分子被还原成氢和 OH$^-$ 离子。负极上由于储氢合金的催化作用，使氢和 OH$^-$ 离子反应又生成了水。

过充电时，正极上会析出氧气，负极板析出氢气。由于有催化剂的氢电极面积大，而且氢气能够随时扩散到氢电极表面，因此，氢气和氧气能够很容易在蓄电池内部再化合生成水，使容器内的气体压力保持不变。其反应式如下。

(1) 正极。

过充析出：

$$4\,OH^- \rightarrow O_2 + 2\,H_2O + 4\,e^- \tag{4-10}$$

过放析出：

$$2\,H_2O + 2\,e^- \rightarrow 2\,OH^- + H_2 \tag{4-11}$$

(2) 负极。

过充消耗：

$$O_2 + 2\,H_2O + 4\,e^- \rightarrow OH^- \tag{4-12}$$

过放消耗：

$$2\,OH^- + H_2 \rightarrow 2\,H_2O + 2\,e^- \tag{4-13}$$

氧化镍电极全充电态时产生氧气，经过扩散在负极重新化合成水，这样，既保持了蓄电池内压的恒定，同时又使电解液浓度不致发生巨大变化。由此可知，储氢合金既承担着储氢的作用，又起到催化剂的作用，在蓄电池过充和过放过程中，可以消除由正极产生的 O$_2$ 和 H$_2$。从而使蓄电池具有耐过充过放的能力。

3. 镍氢蓄电池与镍镉蓄电池的相同点和不同点

镍氢蓄电池是在镍镉蓄电池基础上发展而来的，镍氢蓄电池是镍镉蓄电池的换代产品，蓄电池的物理参数、外观、尺寸、质量可与镍镉蓄电池互换，电压（均为 1.2V）、电性能基本一致。但与镍镉蓄电池相比有显著的优点。能量密度高，同尺寸的蓄电池，容量是镍镉蓄电池的 1.5~2 倍；更环保，不含镉；充放电倍率高，可大电流充放电；无明显记忆效应；低温性能好，耐过充过放能力强。

镍氢蓄电池的缺点是自放电性能与寿命不如镍镉蓄电池,同时制造成本较高。

(四)镍氢蓄电池特性

1. 充电特性

镍氢蓄电池的充电特性曲线如图 4-6 所示,该曲线可大致分为 3 个阶段,刚开始时电压快速上升,然后较为平坦,这是由于 Ni(OH)$_2$ 导电性差,但充电产物 NiOOH 导电性是前者的 10^5 倍。因而充电刚开始的时候电压上升很快,随着 NiOOH 的生成,充电电压上升速率迅速降低,电压变化变得平坦。当充电容量接近额定容量的 75% 以后,储氢合金中氢原子的扩散速度降低,充电电压再次呈现快速上升趋势。之后充电进入过充阶段。

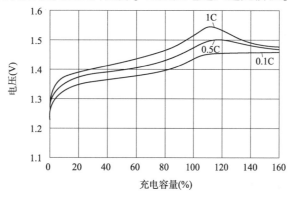

图 4-6　镍氢蓄电池不同倍率充电特性曲线

镍氢蓄电池常用恒流充电的方式充电,在镍氢蓄电池中充电所能达到的最高电压是一个重要的特性。充电电压越低,说明充电过程中极化越小,蓄电池充电效率越高,寿命越长。因此,充电终了控制便成一个非常重要的事。常见的充电终点控制方法有以下几种。

(1)定时控制,设置一定充电时间来控制充电终点,一般设置为充到 110% 额定容量所需时间。

(2)TCO(最高温度控制),一般蓄电池温度升高到 60℃ 时应当停止充电。

2. 放电特性

图 4-7 所示为镍氢蓄电池在不同放电倍率下的放电电压曲线图。镍氢蓄电池工作电压为 1.2V,它是镍氢蓄电池的性能指标。

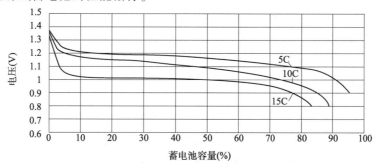

图 4-7　镍氢蓄电池不同倍率放电特性曲线

镍氢蓄电池的放电性能受放电电流、温度因素影响。电流越大,放电电压和放电效率越低,温度越低,放电电压和放电效率越低。

镍氢蓄电池的放电电压一般设定在 0.9~1.1V,如果截止电压设得太高,则蓄电池的容量不能充分利用,如果设得太低,则容易引起蓄电池过放。

3. 容量特性

镍氢蓄电池的实际容量受到理论容量的限制,但也与实际放电机制和应用工况有很大关系,充电电流、搁置时间、放电终止电压和放电电流等均会对放电容量产生影响。

1) 充电电流对放电容量的影响

充电电流倍率增大,电极极化增加,加剧镍氢电池中氧气析出的复合反应,充电效率和放电容量降低。

2) 搁置时间对放电容量的影响

搁置时间对放电容量的影响本质上是镍氢电池的自放电问题。这是由于金属氢化物不稳定引起的,这种不稳定在刚充完电或高电荷状态时更明显,而后逐渐趋于稳定。因而镍氢电池放电容量随搁置时间的延长而下降,最终放电容量达到稳定值。

3) 放电电流对放电容量的影响

放电电流能对放电容量产生影响主要是由于放电电流影响电极极化的状态,从而影响电池内阻。假如放电电流增大,电极极化也将增大,电化学极化内阻就大,其端电压就低。对于相同的放电终止电压来说,最终反应为放电容量测试结果较低。

4) 放电终止电压对放电容量的影响

放电终止电压直接影响放电时间,而放电容量就是放电电流和放电时间的乘积,因而放电容量随放电终止电压的降低而增大。但放电终止电压不能无限降低,一般选定为 0.9V 左右。过低会出现过放现象,影响使用寿命。

4. 内压

镍氢电池产生内压的基本原因是电池在充放电过程中,正极产生的氧气和负极产生的氢气。电池的内压一直存在,通常都维持在正常水平,不会引起安全问题。但在过充过放情况下,内压升高到一定程度就可能会带来安全问题。图 4-8 所示为不同镍氢电池充电过程中内压变化情况。A 区是从充电开始到 SOC = 80%,B 区是从充电容量为额定容量的 80%~120%,C 区为停止充电的搁置区域。

从图 4-8 中可以看出,当荷电状态到达 100% 之前,内压增加平缓,过了 100% 之后,急剧增加。因此,过充的镍氢电池具有一定的安全隐患,在使用过程中应尽量避免使镍氢电池长时间处于过充状态。

同时,充放电次数及电解液的量也会影响内阻。充放电次数增多,内阻会逐渐升高;电解液过多会使内压升得很高。

5. 自放电和储存性能

镍氢电池的自放电率较高,大概是镍镉电池的 2 倍,它与正负极材料、电解液的组成、隔膜材料及电池的化成方法有关。镍氢电池自放电受控于储氢合金电极。合金电极自放电可分为可逆与不可逆两部分,可逆放电是由于电极合金平台压力大于电池内压而造成的,而不可逆部分是由于电极合金不断氧化而使合金失效。镍氢电池正极中的活性物质与负极储氢合金中的氢气发生反应是电池自放电率较高的主要原因。在搁置期间,储氢合金中的氢气会扩散到正极与活性物质发生反应,直至电池电压为零。

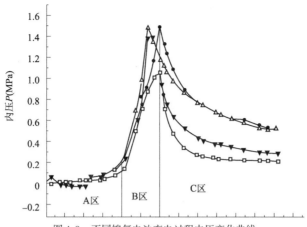

图 4-8　不同镍氢电池充电过程内压变化曲线

镍氢电池的自放电是必然发生的,只是速率有所差别。影响自放电速率的主要因素是电池储存的温度和湿度条件。温度高会使反应物反应活性提高,电解液离子传导加快,自放电速率加快。湿度高也会达到同样的效果。

电池的储存性能是指电池在一定条件下储存一段时间后主要性能参数的变化,包括容量的下降、外观情况和有无变形或渗液情况。

电池在储存过程中容量下降主要是由电池电极自放电引起的,电池自放电率高对电池储存十分不利,故镍氢电池遵从即充即放的原则,不宜较长时间搁置。

此外,在存放过程中,尽量将电池储存在适宜的温度和湿度下,温度应在 10~25℃,一般不应超过 30℃;湿度以不大于 65% 为宜;同时,储存区域尽量保持清洁、凉爽、通风。此外,还必须注意以下两点:

(1) 长期放置的电池应该采用荷电状态储存,一般可预充 50%~100% 的电量后储藏。

(2) 在储藏过程中,要保证至少每三个月对电池充电一次,已恢复到饱和容量。

6. 温度特性

在电池中,温度对电极材料的活性和电解液的电迁移率都有很大的影响,从而对电池的性能有很大影响。

镍氢电池在中高温环境下,氢原子扩散的速率更快,提高了合金的动力学性能,且 KOH 电导率也随温度升高而升高,电池容量明显提升。但温度过高(一般超过 45℃),虽然电导率增大,迁移内阻减小,但电解液水分蒸发快,电解液欧姆内阻增大,两者相互抵消,放电容量将不再增加。

镍氢电池正常储存温度是 -20~45℃,最佳温度是 10~25℃。当温度低于 -20℃时,电解液会凝固,内阻变得无穷大,内部发生不可逆变化,影响电池使用,甚至不可用。当温度高于 45℃时,自放电速率加快,可能导致电极片中辅助材料失效,从而导致整个电池逐渐容量衰减和老化,甚至在短期内失效。

7. 循环寿命

镍氢电池循环寿命受充放电湿度、温度和使用方法的影响。现在,按照 IEC 标准充放电时,循环次数可达 500 次以上。在电动车上一般采用浅充浅放机制(SOC 在 40%~80%),电池的寿命达到 5 年以上,甚至 10 年以上。

电池失效主要有如下原因。

1）电解液的损耗

在电池充放电不断充放电循环过程中，会导致电极膨胀，使内压升高，从而导致气体的泄漏，最终导致电解液消耗。电池容量消耗将导致电解液内阻增大，电导率降低，达到一定阶段就会失效。

2）电极材料的改变

镍氢电池经过一定次数的充放电循环后，负极中锌、锰元素发生偏析溶解，储氢合金表面被腐蚀氧化，形成一层氧化膜，同时合金体积发生膨胀收缩，最后导致合金粉末化。这些因素严重影响电池在充放电过程中的吸氢放氢性能。而正极的活性物质NiOOH形态结构发生变化，这种形态的变化会吸收较高的电解液，且正极体积发生膨胀，恶化电极容量。

3）隔膜的变化

随着电池充放电次数的增加，电池隔膜结构会发生变化，隔膜电解液保持能力下降，自放电增大，寿命降低。同时，从电极上脱落下来的材料逐渐堵塞隔膜上的孔隙，严重影响电池中气体的渗透传输，进而增大内阻，影响充放电性能，导致电池失效。

(五) 碱性动力蓄电池的应用

由于镍镉电池中镉的污染问题和对人体的伤害，已经逐渐被取代，仅在极少领域由于其高功率和良好的低温性能还在应用。现在镍氢电池成为碱性动力蓄电池的主流。

1）混合动力汽车

由于环境和能源问题，世界各国都在大力发展混合动力汽车。2014年全球电动车出货量为236万辆，其中HEV出货量为215万辆，占总出货量的91%，其中镍氢HEV电动车出货量为135万辆，占HEV总出货量的63%。镍氢电池由于其高密度的优点，在混合动力汽车上得到广泛应用。

目前，许多公司的混合动力汽车使用的是镍氢电池。例如，世界上最早的两块商业化混合动力汽车丰田Prius和本田Insight配备的都是镍氢动力蓄电池，如图4-9、图4-10所示。

图4-9　Priust混合动力汽车

图4-10　Insight混合动力汽车

本田公司推出的产业化CIVIC混合动力汽车，福特公司推出的Escape混合动力汽车和雪佛兰的Chevrolet Malibu，均采用了额定电压在300V左右的镍氢电池组。

中国第一汽车集团公司、东风汽车公司研制并在大连、武汉等地示范应用的混合动力公交客车均采用镍氢动力蓄电池系统。镍氢电池组功率密度可达1000W/kg以上，能量密度可达55W·h/kg以上。

2）电动自行车

电动自行车在中国已经成长为一个产值巨大的产业，它不仅可以作为代步的交通工具，同时还可以作为休闲、健身的器具。

目前,电动自行车用动力蓄电池主要是阀控式铅酸电池,少量使用镍氢电池和锂离子电池。随着技术的发展,电动自行车也将更多地采用镍氢电池和锂离子电池。

3) 电动工具

镍氢电池在长期一段时间在高功率和大电流发面一直不如镍镉电池,因此,在很长一段时间里,小型电动工具市场几乎被镍镉电池垄断。随着镍氢电池技术的进步以及社会对环境问题的日趋重视,2003年,欧洲不再允许使用镍镉电池,给镍氢电池的发展一个很好的机会。目前,高功率镍氢电池已发展成为该市场的主流电池之一。

(六) 碱性动力蓄电池应用实例

1. 电池安装位置

普锐斯采用的是镍氢电池,安装在后背座椅和行李舱之间,其安装位置如图4-11所示。

2. 动力蓄电池构成

电池系统由电流传感器、维修开关、接线盒、电池智能单元、电池通风温控系统等构成,如图4-12所示。

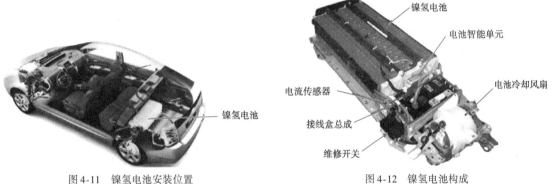

图4-11 镍氢电池安装位置　　　　图4-12 镍氢电池构成

1) 镍氢电池

普锐斯电池由28个电池模块组成,如图4-13所示。每个模块由6个电池单体组成,如图4-14所示。每个电池单体电压为1.2V,总电压为201.6V。

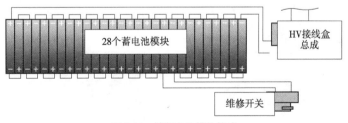

图4-13 镍氢电池模块构成

2) 维修开关

维修开关是为了确保维修人员安全而设计的,其结构如图4-15所示,里面含125A熔断丝及1个互锁开关;其工作原理如图4-16所示,当维修时,将维修开关断开,相当于动力蓄电池内部短路,不对外输出电压,从而确保维修人员安全,当电池产生短路时,熔断丝断开,以防止电子器件的损坏和车上发生火灾。

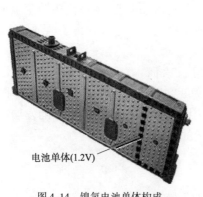
图4-14 镍氢电池单体构成

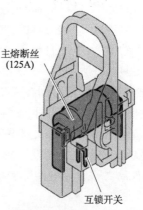
图4-15 维修开关结构

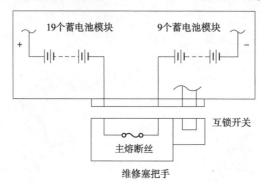
图4-16 维修开关原理

3）接线总盒

接线总盒构成如图4-17所示，其中包括负极接触器、正极接触器、预充电阻及预充接触器，通过电池智能单元控制这些接触器的开启或断开来控制动力蓄电池是否对外供电，保证电池在安全条件下才对外供电。

4）电池控制模块

电池控制模块的主要作用是监控电池信息，与整车其他模块进行通信，控制接触器的开启及断开，其安装位置如图4-18所示。

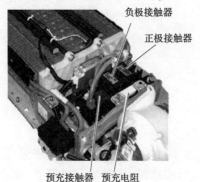
图4-17 接线总盒结构

图4-18 智能电池单元安装位置

5)电池冷却系统

普锐斯电池采用风冷的方式,冷却系统构成如图4-19所示,冷却风扇开启,吸入外部冷空气,经过电池内部进行冷却,再通过排风管排出空气,达到冷却目的。图4-20所示为冷却空气进气口位置,在右排后侧座椅边。

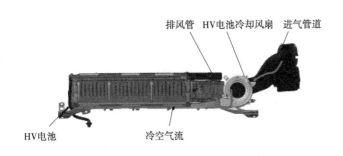

图4-19 冷却系统构成　　　　　　　　图4-20 进气口位置

二、任务实施

1. 准备工作

(1) 防护装备:绝缘防护工具。

(2) 实操设备:镍氢电池解剖展示台、普锐斯动力蓄电池包、数字万用表、绝缘工具箱。

(3) 辅助材料:便利贴。

2. 技术要求与注意事项

(1) 遵守实训室规章制度。

(2) 操作过程中要穿戴好绝缘防护工具。

3. 操作步骤

1) 镍氢电池部件认识

(1) 将镍氢电池解剖展示台放在空旷的位置,如图4-21所示。

(2) 选择工具,拆除上面的防护条,如图4-22所示。

(3) 认真观察展示台,拿便利贴写下所有能看到部件的名称,并将其添在部件上。

(4) 安装好防护条。

2) 普锐斯动力蓄电池包内部结构认识及检测

(1) 将镍氢电池动力蓄电池包放在空旷位置,如图4-23所示。

图4-21 镍氢电池

(2) 检查穿戴好安全防护装备,拆下维修开关,方法如图4-24所示。

(3) 选择合适工具,拧下镍氢电池上下盖板之间的螺栓及螺母,取下两个上盖板,如图4-25所示。

(4) 取下盖板,镍氢动力蓄电池内部结构如图4-26所示。

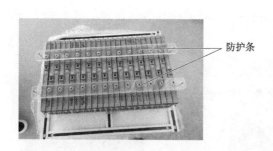

图4-22 镍氢电池防护条

图4-23 镍氢电池包摆放

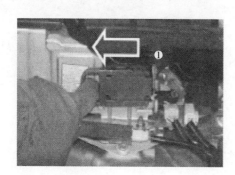

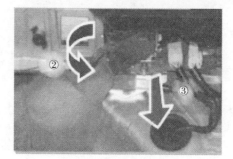

图4-24 拔维修开关方法

图4-25 盖板位置

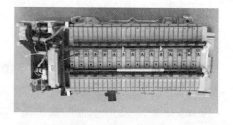

图4-26 镍氢动力蓄电池内部结构

(5)观察镍氢动力蓄电池内部结构,找出正极接触器、负极接触器、预充接触器、预充电阻及镍氢电池,将这些部件写在便利贴上并贴在相应位置。

(6)找出高低压搭铁点。

(7)拆除镍氢电池正负极防护套,如图4-27所示。拆下后如图4-28所示。

(8)测量预充电阻阻值,如图4-29所示。

(9)任意选择三个镍氢电池模组进行电压测量,如图4-30所示。

(10)插上维修开关,测量电池总电压。

(11)安装好拆卸部件。

项目二 常见动力蓄电池

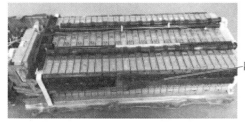

图 4-27 防护套位置　　　　　图 4-28 防护套拆除

图 4-29 预充电阻测量　　　　　图 4-30 模组电压测量

三、技能考核标准

技能考核标准见表 4-1。

技能考核标准　　　　　表 4-1

序号	项　　目	操 作 内 容	规定分	评 分 标 准	得分
1	工具选择与使用	(1) 拆装工具的选择与使用； (2) 万用表的使用； (3) 安全防护工具的使用	10 分	(1) 正确选择使用安全防护工具得 5 分； (2) 正确使用万用表得 5 分	
2	镍氢电池部件认识	(1) 写出镍氢电池部件名称； (2) 将部件名称贴在对应位置	20 分	正确书写并粘贴，对一个部件得 5 分	

续上表

序号	项 目	操作内容	规定分	评分标准	得分
3	普锐斯动力电池认识与检测	(1)外壳的拆装； (2)部件名称书写； (3)将部件名贴在相应位置； (4)搭铁点查找； (5)预充电阻测量； (6)模组电压及总电压测量	70分	(1)拆装过程规范,得20分； (2)正确书写并粘贴,对一个部件得5分,总分20分； (3)正确查找一个搭铁点得5分,总分10分； (4)正确测量预充电阻得10分； (5)总电压及模组电压测量准确各得5分	
		总分	100分		

四、思考与练习

(一)填空题

1. 瑞典 Waldmar Jungner 于_____年发明的_____电池,爱迪生于_____年发明的_____电池。

2. 相对铅酸蓄电池,碱性蓄电池具有_____、_____和_____等优点,缺点是_____。

3. 镍镉电池正极材料为_____,负极材料为_____。

4. 镍镉电池放电反应式为_____。

5. 镍氢电池主要由_____、_____、_____、_____、_____组成。

6. 镍氢电池充放电正极反应式为_____,负极反应式为_____。

7. 根据镍氢电池反应原理填写下列圆圈。

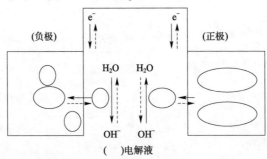

(　)电解液

8. 镍镉电池和镍氢电池的异同点。

电池种类	相同点	不同点
镍氢电池		
镍镉电池		

(二)判断题

1. 碱性电池比铅酸电池比能量高且价格低。　　　　　　　　　　　　　　　　　(　)

2. 镍镉电池的标准电动势是1.299V,额定电压是1.2V,平均工作电压是1.25~1.35V。
(　　)
3. 动力镍镉电池允许放电倍率在10C以上。（　　）
4. 镍镉电池在欧洲被禁止生产是因为镉会致癌。（　　）
5. 镍氢电池不会对环境造成污染,能满足混合动力电动汽车所要求的高能量、高功率、长寿命和足够宽的工作温度范围要求。（　　）

(三) 简答题
1. 简述碱性动力蓄电池发展过程。
2. 简述镍氢电池负极放电反应过程。
3. 简述镍氢电池能耐过充过放的原因。
4. 影响镍氢电池容量的因素有哪些?
5. 在镍氢电池使用过程中,应遵循哪些原则?

任务5　锂离子动力蓄电池认知

学习目标

❖ **知识目标**
1. 说出锂离子电池的定义及类型;
2. 说出锂离子电池的结构;
3. 说出锂离子电池的工作原理;
4. 说出锂离子电池正负极材料;
5. 说出锂离子电池电解液;
6. 说出锂离子电池的特性;
7. 举例说明锂离子电池应用的领域。

❖ **能力目标**
1. 能正准确辨认锂离子电池组成部件;
2. 能正确测量动力蓄电池电压。

建议课时

10课时。

任务描述

锂离子电池是现在电动汽车上应用最为广泛的电池,你是否明白其结构原理及特性?你是否能正确辨认锂离子电池各组成部件?现有1辆比亚迪秦和1辆e6,你能否正确检测其电压。

一、理论知识准备

1. 锂离子电池的定义

锂离子电池(Li-ion Batteries)是指以含锂的化合物作正极,以碳作为负极的二次电池。在充放电过程中,没有金属锂存在,只有锂离子,这就是锂离子电池名字的由来。

2. 锂离子电池分类

根据锂离子电池所用电解质材料的不同,锂离子电池可分为液态锂离子电池(Lithium Lon Battery,LIB)和聚合物锂离子电池(Polymer Lithium Lon Battery,LIP)两大类。锂离子电池的电解质是液态的,聚合物锂离子电池的电解质是胶体型、或者固态聚合物。聚合物锂电池的反应原理和锂离子电池一样,一般以软包的形式,形状可塑性强;如图5-1、图5-2所示,锂离子电池一般做成圆柱形或者方形。从安全角度来讲,聚合物锂电池比锂离子电池更安全。

图5-1 方形锂离子电池

图5-2 圆柱形锂离子电池

3. 锂离子动力蓄电池的结构

如图5-3所示,锂离子电池由正极、负极、电解液和隔膜等组成。

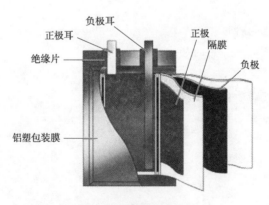

图5-3 锂离子电池结构图

正极:由含锂的过渡金属氧化物组成,常用的材料有钴酸锂、锰酸锂、三元材料和磷酸铁锂。

负极:常用材料有石墨、石墨化碳材料、改性石墨、石墨化中间相炭微粒。

电解液:一种有机电解液,大部分是由六氟磷酸锂(LiFL6)加上有机溶剂配成。(六氟磷酸锂由五氯化磷和溶解在无水氟化氢中的氟化锂反应结晶而成)

隔膜:一种特殊的复合膜,它的功能是隔离正负极,阻止电子穿过,同时能够允许锂离子通过,从而完成在电化学充放电过程中锂离子在正负极之间的快速传输。目前主要是聚乙烯(PE)或者聚丙烯(PP)微孔膜。

4. 锂离子电池工作原理

锂离子电池工作原理如图 5-4 所示,电池充电时,正极上的电子 e 通过外部电路跑到负极上,正极材料中的锂离子脱出来,经过电解液,穿过隔膜进入到负极材料中,与从正极材料中过来的电子结合在一起;电池放电时,锂离子又从负极中脱出来,经过电解液,穿过隔膜回到正极材料中。锂离子电池就是因锂离子在充放电时来回迁移而命名的,所以锂离子电池又称"摇椅电池",以 $LiFePO_4$ 为例,其化学反应方程式为:

充电:
$$LiFePO_4 - xLi^+ - xe^- \rightarrow x FePO_4 + (1-x) LiFePO_4 \tag{5-1}$$

放电:
$$FePO_4 + xLi^+ + xe^- \rightarrow x LiFePO_4 + (1-x) LiFePO_4 \tag{5-2}$$

从充放电的可逆性来看,锂离子电池反应是一种理想的可逆反应,在正常的充放电情况下,锂离子在层状结构的碳材料和层状结构氧化物的层间嵌入和脱出,一般只引起层面间距的变化,不破坏晶体结构;在放电过程中,负极材料的化学结构基本不变。

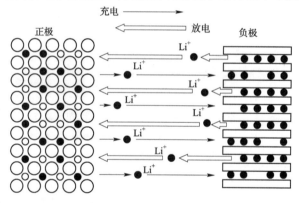

图 5-4 锂离子电池工作原理

5. 锂离子电池正负极材料

1) 锂离子正极材料

正极材料是锂离子电池技术的核心和关键,锂离子电池的特性和价格都与它的正极材料密切相关。锂离子二次电池正极材料是具有使锂离子较为容易的嵌入和脱出,并同时保证结构稳定的一类化合物(嵌入式化合物)。目前,被用来作为电极材料的嵌入式化合物均为过渡金属氧化物。作为嵌入式电极材料的金属氧化物,依其空间结构的不同主要分为以下三种类型。

(1) 层状化合物。

层状结构中研究比较成熟的是钴酸锂($LiCoO_2$)和镍酸锂($LiNiO_2$)。图 5-5 所示为 $LiCoO_2$ 层状结构图。

$LiCoO_2$ 是最早用于商品化二次锂离子电池的正极材料。

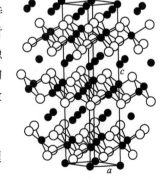

图 5-5 层状钴酸锂结构示意图

LiCoO₂电池的开路电压为3.5～4.5V,理论放电容量为274 mA·h/g。LiCoO₂具有良好的可逆性、循环充放电性和易于合成等优点。但钴资源稀缺,价格较高,并且有毒,污染环境,这在一定程度上限制其发展,主要应用于小容量消费类电子产品中。

LiNiO₂与LiCoO₂性质非常相似,而价格却低很多,对环境污染较小,且放电容量大于钴酸锂,工作电压范围为2.5～4.1V,被视为锂离子电池中最有前途的正极材料之一。

(2)尖晶石型结构。

图5-6所示为尖晶石型结构图。LiMn₂O₄是尖晶石型嵌锂化合物的典型代表。Mn在自然界中含量丰富,价格便宜,毒性低于Co和Ni等,理论放电容量可达148mA·h/g,但LiMn₂O₄的主要缺点是电极的循环容量容易迅速衰减。

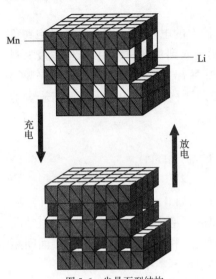

图5-6 尖晶石型结构

(3)橄榄石型结构。

如图5-7所示,LiFePO₄是橄榄石型结构材料的代表,其理论容量为170mA·h/g,能量密度为550W·h/kg,与金属锂配对形成的电压平台在3.2V左右。在充放电过程中,材料的结构稳定性比较好,不存在与电解液接触发生坍塌现象;此外,这种材料具有更高的安全性能和循环寿命,且还具有LiFePO₄来源广泛、价格低廉、无环境污染、比能量高等优点。不足是存在低电导率问题。

2)锂离子电池负极材料

负极材料是决定锂离子电池综合性能优劣的关键因素之一,比容量高、容量衰减率小、安全性能好是对负极材料的基本要求。目前锂离子电池负极材料中使用最多的是碳、氧化物及合金三类。

(1)碳材料。

碳是目前商品化锂离子电池中使用最多的材料,石墨是碳负极材料中应用最早、研究最多的一种。其导电性好,结晶度较高,具有良好的层状结构,适合锂的嵌入脱嵌,充放电比容量可达300mA·h/g以上,充放电效率在90%以上,不可逆容量低于50m·Ah/g,具有良好的充放电电位平台。

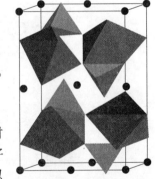

图5-7 橄榄石型LiFePO₄结构示意图

(2)氧化物负极材料。

氧化物是另一类负极材料体系,在这一体系中使用最多的是钛酸锂。钛酸锂是一种嵌入式化合物,尖晶石型结构,可以嵌入Li⁺,电极的理论嵌锂容量为175mA·h/g,由于钛酸锂的电导率较低,在合成过程中,其实际比容量一般为120～130mA·h/g。在作为锂离子动力蓄电池用负极材料时,钛酸锂具有非常明显的优势:安全性能非常优异;循环寿命超长,钛酸锂体积变化很小;在大电流充放电时,结构稳定,不存在应变;电压平台稳定、耐过充过放电性能优异;低温性能好。在目前的储能型锂离子电池中有所应用。

(3)合金负极材料。

合金作为负极材料,大大提高了电池的容量,如 Li4.4Si 合金材料理论容量达 $4200mA·h/g$,锡与锂形成的 Li22Sn4 合金,理论容量也达到 $994mA·h/g$。但合金材料循环稳定性差。

6.锂离子电池的电解液

电解液是锂离子电池四大关键材料(正极、负极、隔膜、电解液)之一,号称锂离子电池的"血液",在电池中正负极之间起到传导电子的作用,是锂离子电池获得高电压、高比能等优点的保证。锂离子电池采用的电解液是在有机溶剂中溶有电解质锂盐的离子型导体。

1)电解液的组成

电解液一般由高纯度的有机溶剂、电解质锂盐(六氟磷酸锂,LiFL6)、必要的添加剂等原料,在一定条件下,按一定比例配制而成的。

(1)有机溶剂。

有机溶剂是电解液的主体部分,电解液的性能与溶剂的性能密切相关。锂离子电池电解液中常用的溶剂有碳酸乙烯酯(EC)、碳酸二乙酯(DEC)、碳酸二甲酯(DMC)、碳酸甲乙酯(EMC)等。

(2)电解质锂盐。

$LiPF_6$ 是最常用的电解质锂盐,$LiPF_6$ 对负极稳定,放电容量大,电导率高,内阻小,充放电速度快,是未来锂盐发展的方向。尽管 $LiClO_4$、$LiAsF_6$ 等也可作电解质,但因为使用 $LiClO_4$ 的电池高温性能不好,再加之 $LiClO_4$ 本身受撞击容易爆炸,而 $LiAsF_6$ 对环境不友好,不适合锂离子电池的工业化大规模使用。

(3)添加剂。

电解液作为锂离子电池最重要的原材料之一受到了越来越多的关注,其主要研究集中在各种添加剂的使用方面,即进行少量加入就能有效地提高锂离子电池电化学性能的添加剂的研究。目前电解液的添加剂有成膜添加剂、导电添加剂、阻燃添加剂、过充保护添加剂等。

添加剂的种类繁多,不同的锂离子电池生产厂家对电池的用途、性能要求不同,所选择的添加剂的侧重点也存在差异。一般来说,所用的添加剂主要有三方面的作用:电解液中加入苯甲醚改善 SEI 膜的性能;加入金属氧化物降低电解液中的微量水和 HF 酸;防止过充电、过放电。

2)电解液的种类

电解质的选用对锂离子电池的性能影响非常大,它必须是化学稳定性能好,尤其是在较高的电位下和较高温度环境中不易发生分解,具有较高的离子电导率,而且对阴阳极材料必须是惰性的、不能侵腐它们。由于锂离子电池充放电电位较高而且阳极材料嵌有化学活性较大的锂,所以电解质必须采用有机化合物而不能含有水。但有机物离子电导率都不好,所以要在有机溶剂中加入可溶解的导电盐以提高离子电导率。

(1)液体电解液。

目前锂离子电池主要是用液态电解质,其溶剂为无水有机物如 EC、PC、DMC、DEC,多数采用混合溶剂,如 EC/DMC 和 PC/DMC 等。导电盐有 $LiClO_4$、$LiPF_6$、$LiBF_6$、$LiAsF_6$ 等,目前商用锂离子电池所用的电解液大部分采用 $LiPF_6$ 的 EC/DMC,它具有较高的离子电导率与较好的电化学稳定性。

(2)固体电解液。

用金属锂直接用作阳极材料具有很高的可逆容量,其理论容量高达 $3862mA·h/g$,是石墨材料的十几倍,价格也较低,被看作新一代锂离子电池最有吸引力的阳极材料,但会产生枝晶锂。采用固体电解质作为离子的传导可抑制枝晶锂的生长,使得金属锂用作阳极材料成为可能。此外使用固体电解质可避免液态电解液漏液的缺点,还可把电池做成更薄(厚度仅为0.1mm)、能量密度更高、体积更小的高能电池。固体聚合物电解质具有良好的柔韧性、成膜性、稳定性、成本低等特点,既可作为正负电极间隔膜用又可作为传递离子的电解质用。

固体聚合物电解质一般可分为干形固体聚合物电解质(SPE)和凝胶聚合物电解质(GPE),其中凝胶聚合物锂离子电池已经实现商品化。

7. 锂离子动力蓄电池性能

1)充放电特性

(1)充电方式。

考虑到电池充电安全、可靠性及兼顾充电效率等方面,锂离子电池通常采用两段式充电方法。第一阶段为恒流充电,第二阶段为恒压充电。锂离子充电特性曲线如图5-8所示。

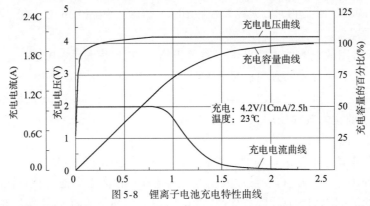

图5-8 锂离子电池充电特性曲线

(2)充电特性的影响因素。

① 充电电流对充电特性的影响。如图5-9及表5-1所示,随着充电电流的增加,恒流时间逐步减少,恒流可充入容量和能量也逐步减少。在实际电池组应用中,可以以锂离子电池允许的最大充电电流充电,达到限压后,再进行恒压充电,这样在减少充电时间的基础上,也保证了充电的安全性;另外,应综合考虑充电时间和效率,选择适中的充电电流,以减少内阻能耗。

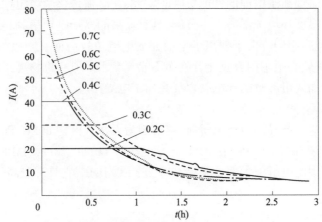

图5-9 相同不同放电深度不同恒流充电电流充电曲线

锂离子电池不同充电参数 表5-1

电流(A)	恒流时间(s)	充入容量(A·h)	充入能量(W·h)	充入30A·h时间(s)	充入30A·h电流(A)
20/(0.2C)	3900	21.67	90.85	5763	14.24
30/(0.3C)	2420	20.17	84.93	4754	15.53
40/(0.4C)	729	8.11	34.482	4528	13.87
50/(0.5C)	700	9.8	41.68	3940	14.94
60/(0.6C)	237	3.97	16.69	3212	16.16
70/(0.7C)	32	0.74	3.133	3129	14.15

②放电深度对充电特性的影响。如图5-8所示,曲线从左到右放电容量依次增加。由图5-10可知随放电深度的增加,充电所需时间增加,但平均每单位容量所需的充电时间减少,即充电时间的增加同放电深度不成正比增加;随放电深度的增加,恒流充电时间所占总充电时间比例增加,恒流充电容量占所需充入容量的比重增加;随放电深度的增加,等安时充放电效率有所降低,但降低幅度不大。

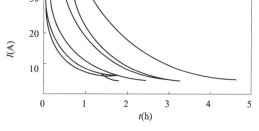

图5-10 不同放电倍率下的充电曲线

③充电温度对充电特性的影响。随环境温度降低,电池的可充入容量明显降低,而充电时间明显增加。将低温(-25℃)与室温(25℃)相比,相同的充电结束电流,可充入容量和能量降低25%~30%,若以5A为充电结束标准,则在此温度下电池仅充入可充入容量或能量的75%~85%。但降低充电结束电流,就意味着充电时间的大幅增加。因此在实际电动汽车应用中,需要在充电时间和充入容量之间综合考虑。

2) 放电特性

(1) 温度对放电电压的影响。

在锂离子放电特性方面,主要讨论的是不同环境温度下,不同放电倍率对放电特性的影响。以某额定容量200A·h锂离子电池为例,在20℃情况下,将电池充满电,分别在-20℃、0℃、20℃进行不同放电电流放电试验。先采100A(0.5C)放电,直到电压降到2.5V为止。得到100A(0.5C)放电过程曲线如图5-11所示。电池的放电电压较低,尤其在放电初期同样的放电电流下,电池电压出现了一个急剧下降,所以放电能量偏低。如图5-10所示,在放电中期,电池放电消耗在电池内阻上的能量使得电池自身温度升高,锂离子电池活性物质的活性增加,电池电压有所升高,因此可放出能量增加。在放电后期,电池电压降低,每安时放出的能量随之降低。放电温度越低,放电电压越低,终止电压越低。

(2) 温度对电池可放出能量的影响。

在不同温度下,每放20A·h的能量对比如图5-12所示,在放出容量占可放出容量40%~50%时,每安时放出的能量最多。温度越高,电池能放出的总能量越高。

(3) 放电倍率对放电特性的影响。

在同一温度,同样的放电终止电压下,不同的放电结束电流,可放出的容量和能量有一定的差别。电流越小,可放出容量和能量越多,放电结束电流10A比100A可多放出容量和能量5%~7%。

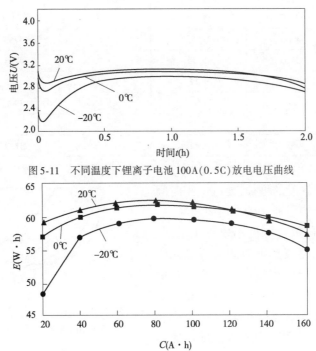

图 5-11　不同温度下锂离子电池100A(0.5C)放电电压曲线

图 5-12　锂离子电池在不同温度下可放出的能量

3) 热特性

(1) 生热机制。

锂离子电池内部产生的热量主要由4部分组成:反应热、极化热、焦耳热和分解热。反应热是电池内部的化学反应产生的热量,充电时为负,放电时为正;极化热是电池在充放电过程中电极发生极化,电池的平均电压与开路电压有所偏差而产生的热量,充放电都为负;焦耳热是由电池内阻产生的,充放电都为正;分解热是由电池电极中自放电的存在导致电极的分解而产生的热量,这部分热量很小,几乎可忽略不计。

由于反应热在充电时为负值,再放电时为正值,因此,电池在放电过程中热量的生成大于充电过程中热量。从而导致放电时电池温度比充电时电池温度高。对于一个完全充满电状态的锂离子电池,它在可逆放电过程中的总反应中呈现了放热效应。更进一步来说,电池的正极表现出较大的放热效应,同时负极表现出较小的吸热反应,综合正负极反应热效应,最终导致锂离子电池充放电过程中总体呈现放热效应。

(2) 电池放电生热特性。

在自然散热环境下,分别对电池进行0.3C、0.5C、1C、2C、3C和4C倍率放电。首先将电池充满电,然后以某一倍率进行恒流放电,截止电压位3V。图5-13及图5-14所示为电池在不同倍率放电过程中,正、负极的生热曲线。

从图5-13中可以看出,在放电过程中,电池正极耳温度略高于负极耳的温度,在大倍率放电时,这种趋势更为明显。随着电池放电倍率提高,电池正、负极耳的温度快速上升。温度越高,上升越快,因此,在高温环境下,电池进行大倍率放电时,必须采取相应的散热措施,否则电池会因过热而导致性能衰退、寿命缩短,甚至产生热失控的危险状态。

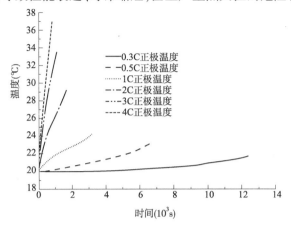

图 5-13 不同放电倍率电池正极温度变化曲线

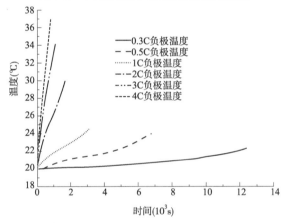

图 5-14 不同放电倍率电池负极温度变化曲线

(3) 电池充电生热特性。

将电池悬置于无强制散热的环境下。首先以 1C/3 倍率对电池进行恒流放电,截止电压位 3V,放电结束后静置 2h,然后分别以 0.3C、0.5C、1C、2C、3C 和 4C 倍率进行恒流—恒压充电。图 5-15 和图 5-16 所示为电池在不同倍率充电过程中,正、负极的生热曲线,从图中可以看出,充电过程中电池正、负极的温差比相同倍率放电时小。在恒流充电过程中,电池正、负极的温度快速上升;在恒压充电阶段,电池极耳的温度开始下降,这主要是恒压充电阶段,充电电流不断下降,电池生热率减少。因此,在电池恒流—恒压充电过程中。恒流充电过程是电池内部热量积聚的重要阶段。进行大倍率充放电时,电池的温度快速上升,这容易造成电池损坏,甚至出现危险工况。因此电动车辆必须安装散热系统对电池进行散热,以便将电池温度控制在合理的范围内。

4) 温度对锂离子电池使用性能的影响

(1) 温度对可用容量比率的影响。

如图 5-17 所示,正常应用温度范围内,锂离子电池温度越高,工作电压平台越高,电池可用容量越高,反之,温度越低,工作电压平台越低,可用容量越少。但不能长期在高温条件下工作,会造成锂离子电池容量迅速下降从而影响电池的使用寿命,并极有可能造成电池热失控。

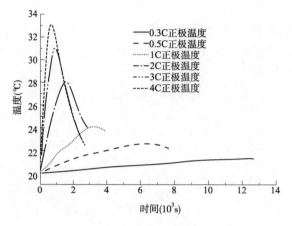

图 5-15　不同充电倍率电池正极生热曲线

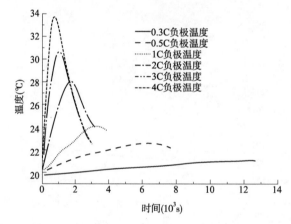

图 5-16　不同充电倍率电池负极生热曲线

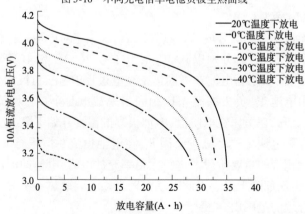

图 5-17　不同温度下以 10A 恒流放电曲线

(2) 温度对电池内阻的影响。

直流内阻是表征动力蓄电池性能和寿命状态的重要指标。电池内阻较小,在大多数情况下都会忽略不计,但动力蓄电池处在电流大、深度放电的工作状态下,内阻引起的压降较大。

如图5-18所示,低温状态下整个放电过程中直流内阻变化明显,而高温状态下变化量则小得多。但整体的变化趋势是相同的,均随温度的升高而降低,随SOC的增大而减小。

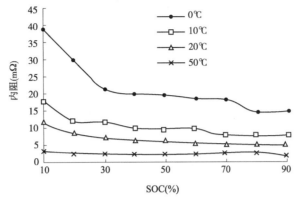

图5-18 不同温度下内阻—SOC变化曲线

8.锂离子动力蓄电池的应用

1)比亚迪e6

比亚迪创立于1995年,是一家中国汽车品牌,主要生产商务轿车和家用轿车。其生产的BYDe6,如图5-19所示,采用磷酸铁锂电池,容量为60kW·h,同时装配了终身免维护的永磁电动机,功率达到75kW,相当于1.6L排量的汽油车,由于电动机的转矩大,所以加速方面不会逊色于燃油车。官方公布的0~100km/h加速时间在10s以内,最高车速被限制在140km/h,而百公里能耗约为20kW·h,只相当于燃油车1/3~1/4的消费价格。

图5-19 BYDe6 纯电动汽车

(1)e6电池包安装位置。图5-20所示为e6电池包在底盘上的安装位置。

图5-20 e6电池包安装位置

(2)e6电池包外观。e6电池包外观如图5-21所示,上端有一个密封盖,下端有一个托盘,密封盖及托盘间有密封条,密封盖上有正负极引出口、维修开关及信号接口。

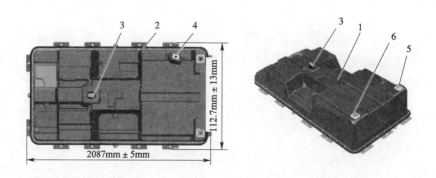

图 5-21　e6 电池包外观

1-密封盖；2-密封压条；3-维修开关；4-信号接口；5-负极引出；6-正极引出

（3）e6 电池包参数。e6 采用磷酸铁锂电池，电池包共有 93 个单体，每个单体电压为 3.3V，电池包标称电压为 306.9V，容量为 200A·h，一次充电 67kW·h。

图 5-22　比亚迪 e5

2）比亚迪 e5

比亚迪 e5 是比亚迪旗下的一款电动汽车，可以看作是速锐的纯电动版，如图 5-22 所示。e5 采用最大功率为 160kW 的电动机，转矩为 310N·m，最高车速为 130km/h。车辆搭载磷酸铁锂电池组，综合续航里程可达 305km。

（1）e5 动力蓄电池包组成。e5 采用磷酸铁锂电池，由 12 个电池组串联而成，分为上下两层，如图 5-23 所示，共 190 个电池单体，每个单体电压为 3.3V，动力蓄电池包中有 2 个分压接触器、1 个正极接触器、1 个负极接触器，各个模组中间靠连接片连接。

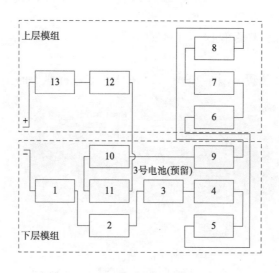

图 5-23　e5 电池包连接图

(2) e5 电池包主要参数。e5 动力蓄电池包主要参数见表5-2。

e5 电池包主要参数　　　　　　表5-2

磷酸铁锂	参　　数
电池包总能量	42.5kW·h
电池包容量	65A·h
额定电压	627V
储存温度	-40~40℃,短期储存 -20~35℃,长期储存
质量	≤490kg

(3) e5 动力蓄电池包安装位置。e5 动力蓄电池包安装在底盘上,如图5-24所示。

图5-24　e5 动力蓄电池包安装位置图

(4) e5 电池包结构。如图5-25所示,e5 电池包组要由盖板、托盘、电池、压条及密封条构成,其中盖板及托盘起到支撑、安装及防护电池的作用;压条主要是用来稳固电池,防止电池在使用过程中晃动;密封条主要用来防水及防尘;电池用来存储及释放能量,为整车提供动力。

3) 比亚迪秦

(1) 秦动力蓄电池包安装位置。秦动力蓄电池包安装在后排座椅和行李舱之间,如图5-26所示。

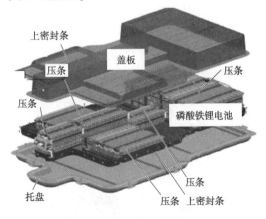

图5-25　e5 动力蓄电池包结构

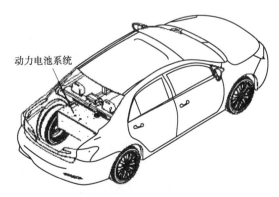

图5-26　秦动力蓄电池包安装位置

(2) 秦动力蓄电池包参数。秦采用磷酸铁锂电池,152个单体,每个电池单体电压为3.3V,电池包标称电压为501.6V,标称容量为26A·h,一次充电13kW·h。

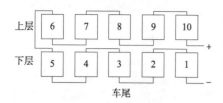

图 5-27 秦电池包结构

(3) 秦动力蓄电池包结构。秦动力蓄电池包的结构组成如图 5-27 所示,由上下两层共 10 个模组构成,模组间通过连接片连接。

(4) 秦动力蓄电池包组成。秦动力蓄电池包组成如图 5-28 所示,包括电池模组、采集线、模组连接片、电池护板、安装支架等。

(5) 维修开关。维修开关位于动力蓄电池包总成的左上方,如图 5-29 所示。连接了动力蓄电池包的正极和负极,外观结构如图 5-30 所示,其工作原理如图 5-31 所示,断开维修开关,动力蓄电池包被短路,不对外输出电,从而保证维修人员安全。

图 5-28 秦电池包组成

图 5-29 维修开关位置

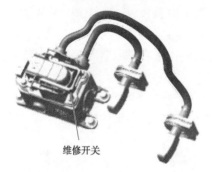

图 5-30 维修开关外观

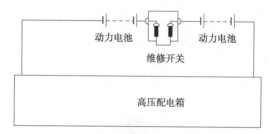

图 5-31 维修开关原理

4) 日产 Leaf

如图 5-32 所示,NISSAN LEAF 由层叠式紧凑型锂离子电池驱动,电池容量为 24kW·h,输出功率为 90kW(以上),能量密度为 140W·h/kg,功率密度为 2.5kW/kg,电池单元数量 48 个,50kW 直流快速充电(0~80%)只需 30min 以内,家庭充电 200V 交流电需 8h。

5) 特斯拉 Model X

2012 年 2 月 9 日,美国 Tesla Motors 公司发布了全尺寸纯电动 SUV 车型 Model X,如图 5-33 所示,Model X 将 MPV 的大空间、SUV 的优势、电动车的优点融合在一起。搭载纯电动系统,两台电动机分别装置在前后轴,可实现 4.4s 完成 0~60mile/h(0~96.56km/h)加速,Model X 会提供

图 5-32 日产 Leaf 纯电动汽车

容量为60/85kW·h的电池组供选择。

图 5-33　特斯拉 Model X 纯电动汽车

6）宝马 i3

如图 5-34 所示,宝马 i3 搭载的是一套纯电动系统,电动机最大功率为 170hp(1hp = 745.7W),该车 0~100km/h 的加速时间为 8s。车辆依靠一组锂离子电池提供电量,在电量充足的情况下,最大续航里程可达 257km,最高时速可达 160km/h。电池组还可以支持快速充电模式,电池组完成充电 80% 仅需要 1h 的时间。

7）雪佛兰 Bolt

如图 5-35 所示,雪佛兰推出的 Bolt 采用 60kW·h 的锂电池,电动机最大功率为 149kW,百公里加速时间在 7s 以内,最高车速为 146km/h。

图 5-34　宝马 i3 纯电动汽车

图 5-35　雪佛兰 Bolt 纯电动汽车

二、任务实施

1. 准备工作

(1) 防护工具:绝缘防护工具。

(2) 设备:锂离子电池解剖台、绝缘工具、BYDe6、BYD 秦、数字万用表、绝缘工具箱。

2. 技术要求与注意事项

(1) 遵守实训室规章制度。

(2) 操作过程中要穿戴好绝缘防护工具。

3. 操作步骤

1）锂离子电池部件认识

(1) 将锂离子电池解剖展示台放在空旷的位置,如图 5-36 所示。

(2) 找出锂离子电池解剖展示台的电池模组数及连

图 5-36　锂离子电池解剖展示台

接片数。图5-37为连接片位置图。

（3）找出维修开关、高压正负极、空调正负极连接端子、风扇、低压电源正负极的位置。如图5-38～图5-40所示。

图5-37　展示台连接片

图5-38　维修开关位置

图5-39　风扇位置

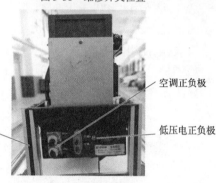

图5-40　其他部件位置

（4）用万用表测量各个模组电压，如图5-41所示。

2）秦、e6动力蓄电池电压测量

（1）打开行李舱盖，开关位置如图5-42所示，位于驾驶室脚垫靠座椅处。

图5-41　电压测量

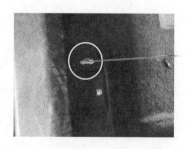

图5-42　行李舱开关

（2）拆除行李舱护板，如图5-43所示，包括侧护板、底部护板和前护板，拆除前护板时应先拆除行李舱照明灯插头，如图5-44所示，其位于行李舱灯背面。

（3）拆卸后排坐垫，座椅的前面左右各有一个卡扣，扣在上面的，拆卸座椅的时候用力向上提，就能拆下来，如图5-45所示。

（4）拆卸后排座椅靠背，拆掉座椅后，能看到靠背的两颗螺钉，如图5-46所示，拆掉螺钉,靠背是挂在后面的,拆卸靠背的时候向上提,将靠背摘下来。拆除座椅靠背的时候应注意座椅靠背上连接的 3 个插头,左侧有 2 个,右侧有 1 个,如图 5-47 所示,取下座椅靠背之前,应先断开 3 个插头。

图 5-43 行李舱护板

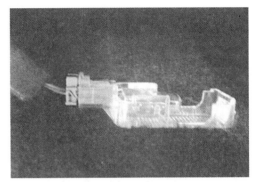

图 5-44 行李舱照明灯插头

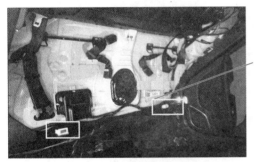

图 5-45 座椅卡扣

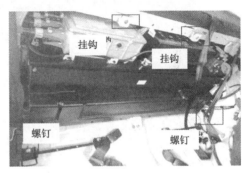

图 5-46 座椅挂钩螺钉位置

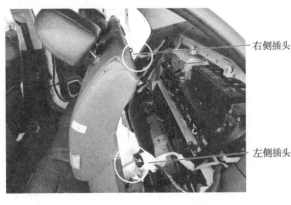

图 5-47 连接插头

(5)拔掉维修开关,将维修开关放在不易触碰的地方,将警示牌放置于维修开关座旁边。维修开关位置如图 5-48 所示。

(6)拆除动力蓄电池前后两块护板,如图 5-49 所示。

(7)插上维修开关,将车上 ON 挡电(不踩制动踏板,按两下起动开关),ON 挡电仪表显示如图 5-50 所示。

(8)拿万用表测量动力蓄电池电压,如图 5-51 所示。

(9)安装好拆卸部件,收拾好工具,做好5S管理。

图5-48 维修开关位置

图5-49 电池护板

图5-50 ON挡电仪表显示

图5-51 秦动力蓄电池电压测量

3) e6动力蓄电池包电压测量

(1)打开前排座椅中央通道上的杂物箱盖,如图5-52所示。

(2)拆卸位于通道上的维修开关盖板螺钉,取下盖板,如图5-53所示。

图5-52 杂物箱位置

图5-53 维修开关位置

(3)拉直维修开关手柄,如图5-54所示,拔下维修开关,将警示牌放置于维修开关座旁边,将维修开关保存在自己口袋中或置于比较安全的地方。

(4)拆卸比亚迪e6后排靠椅。

①拉动后排靠背左右两端拉索,如图5-55所示,放倒后排座椅,如图5-56所示。

②拆卸后排座椅支座四颗紧固螺栓,如图5-57所示,拆卸后排座椅接插器,抬下后排座椅。
(5)拆卸高压配电箱防护罩螺栓,如图5-58所示,拆下防护罩接插器,抬下防护罩。

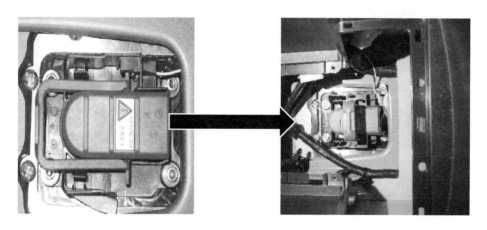

图5-54 维修开关拆卸步骤

图5-55 拉索位置

图5-56 放倒座椅

图5-57 螺栓位置

图5-58 高压配电箱防护罩

(6)拔下高压配电箱与动力蓄电池连接正、负极接线,上面有卡扣,先拉下卡扣如图5-59所示。再向上提即可拔出正负极,如图5-60所示。

(7)用万用表测量动力蓄电池电压,如图5-61所示。

(8)维修结束后,装复高压配电箱与动力蓄电池连接正、负极接线、维修开关及其他所有拆卸部件。

图5-59 拆除卡扣

图 5-60 拔出正负极

图 5-61 测量电压

三、技能考核标准

技能考核标准见表 5-3。

技能考核标准　　　　　　　　　表 5-3

序号	项目	操作内容	规定分	评分标准	得分
1	锂离子电池部件认识	(1)部件认识； (2)电压测量	35分	(1)每找到1个部件得5分(共6个部件)； (2)正确测量电压得5分	
2	秦电压测量	(1)拆卸外围部件； (2)测量电压； (3)安装外围部件	35分	(1)正确拆卸外围部件得10分； (2)正确测量电压得15分； (3)正确安装外围部件得10分	
3	e6电压测量	(1)拆卸外围部件； (2)测量电压； (3)安装外围部件	30分	(1)正确拆卸外围部件得10分； (2)正确测量电压得10分； (3)正确安装外围部件得10分	
	总分		100分		

四、思考与练习

(一)填空题

1. 锂离子电池(Li-ion Batteries)是指以含锂的化合物作_____，以碳作为_____的二次电池。

2. 根据锂离子电池所用电解质材料的不同，锂离子电池可分为_____锂离子电池(Lithium Lon Battery, LIB)和_____锂离子电池(Polymer Lithium Lon Battery, LIP)两大类。

3. 锂离子电池就是因锂离子在充放电时来回迁移而命名的，所以锂离子电池又称"_____"。

4. 负极材料是决定锂离子电池综合性能优劣的关键因素之一，_____、_____、_____是对负极材料的基本要求。

5. 考虑到电池充电安全、可靠性及兼顾充电效率等方面，锂离子电池通常采用两段式充电方法。第一阶段为_____，第二阶段为_____。

6. 在放电后期，电池电压降低，每安时放出的能量随之_____。

7. 锂离子电池内部产生的热量主要由4部分组成：_____、_____、_____、和_____。

8. 在高温环境下,电池进行大倍率放电时,必须采取相应的_____,否则电池会因过热而导致性能衰退、寿命缩短,甚至产生_____的危险状态。

9. 被用来作为电极材料的嵌入式化合物均为_____氧化物。

10. 电解液是锂离子电池四大关键材料(正极、负极、隔膜、电解液)之一,号称锂离子电池的"_____"。

11. 用金属锂直接用作阳极材料具有很高的_____。

12. 反应热是电池内部的化学反应产生的热量,充电时为_____,放电时为_____。

13. _____是电池在充放电过程中电极发生极化,电池的平均电压与开路电压有所偏差而产生的热量,充放电都为负。

14. 焦耳热是由_____产生的,充放电都为正。

15. 分解热是由电池电极中自放电的存在导致电极的_____而产生的_____,这部分热量很小,几乎可忽略不计。

(二) 判断题

1. 在充放电过程中,有金属锂存在,所以叫锂离子电池。 ( )
2. 从安全角度来讲,锂离子电池比聚合物锂电池更安全。 ( )
3. 氧化物是另一类正极材料体系,在这一体系中使用最多的是钛酸。 ( )
4. 放电温度越低,放电电压越低,终止电压越低。 ( )
5. 在同一温度,同样的放电终止电压下,不同的放电结束电流,可放出的容量和能量没有差别。 ( )
6. 正常应用温度范围内,锂离子电池温度越高,工作电压平台越高,电池可用容量越高。 ( )
7. 碳是目前商品化锂离子电池中使用做多的材料。 ( )
8. 由于锂离子电池充放电电位较高而且阳极材料嵌有化学活性较大的锂,所以电解质必须采用有机化合物而且有水。 ( )
9. 考虑到电池充电安全、可靠性及兼顾充电效率等方面,锂离子电池通常采用三段式充电方法。 ( )
10. 在实际电池组应用中,可以以锂离子电池允许的最大充电电流充电,达到限压后,再进行恒压充电,这样在减少充电时间的基础上,也保证了充电的安全性。 ( )
11. 由于反应热在充电时为负值,再放电时为正值,因此,电池在放电过程中热量的生成大于充电过程中热量。 ( )
12. 电池的正极表现出较大的放热效应,同时负极表现出较小的吸热反应,综合正负极反应热效应,最终导致锂离子电池充放电过程中总体呈现放热效应。 ( )
13. 在放电过程中,电池正极耳温度略低于负极耳的温度,在大倍率放电时,这种趋势更为明显。 ( )
14. 在恒压充电阶段,电池极耳的温度开始下降,这主要是恒压充电阶段,充电电流不断下降,电池生热率减少。 ( )
15. 直流内阻是表征动力蓄电池性能和寿命状态的重要指标。 ( )

(三) 简答题

1. 锂离子电池如何分类以及每一类的特点是什么？
2. 锂离子动力蓄电池的正负极分别由什么材料制成？
3. 电解液由哪些原料组成？
4. 充电特性的影响因素有哪些？
5. 温度对可用容量比率有哪些影响？

任务6 燃料电池认知

学习目标

❖ **知识目标**

1. 能说出燃料电池的发展历程；
2. 能说出燃料电池的种类及特点；
3. 能说出碱性燃料电池结构原理及特点；
4. 能说出酸性燃料电池结构原理及特点；
5. 能说出熔融碳酸盐燃料电池结构原理及特点；
6. 能说出固体氧气燃料电池结构原理及特点；
7. 能说出质子交换膜燃料电池结构原理；
8. 能介绍质子交换膜燃料电池主要部件；
9. 能说出直接甲醇燃料电池结构原理；
10. 能说出燃料电池汽车对燃料电池的要求；
11. 能介绍燃料电池汽车的类型及特点；
12. 能介绍几款常见的燃料电池汽车。

建议课时

10课时。

任务描述

燃料电池是一种常见的动力蓄电池，你是否明白其结构原理？你是否能描述燃料电池汽车结构组成？

一、理论知识准备

(一) 燃料电池概述

燃料电池(Fuel Cell)是一种将持续供给的燃料和氧化剂中的化学能连续不断地转化成电能的化学装置。作为一种新型化学电源,燃料电池是继火电、水电和核电之后的第四种发电方式。

1. 燃料电池发展历程

1839年,英国科学家格罗夫通过将水的电解过程逆转发现了燃料电池的原理,格罗夫也因此被称为"燃料电池之父",如图6-1所示。他用铂作为电极,以氢为燃料,氧为氧化剂,从氢气和氧气中获取电能,自此拉开燃料电池研发的序幕。

1889年,蒙德和朗格尔改进氢氧"气体电池"并正式确定其名称为"燃料电池"。他们以铂黑为电催化剂,以钻孔的铂为电流收集器组装出燃料电池,当工作电流密度为 $3.5mA/cm^2$ 时,电池的输出电压为0.73V。

1959年,培根和弗洛斯特研制成功6kW碱性燃料电池系统,并用来驱动叉车、圆盘锯和电焊机;同年,艾丽斯-查尔莫斯公司开发出第一辆碱性燃料电池拖拉机,可以推动3000lb(1lb=0.4536kg)的重物。

图6-1 科学家格罗夫

1960年,通用电气公司开发成功质子交换膜燃料电池;1962年,质子交换膜燃料电池应用于双子星座飞船;1965年,碱性燃料电池用于阿波罗登月飞船;1967年,通用汽车开发成功第一辆碱性燃料电池电动汽车。

1973年发生石油危机后,世界各国普遍认识到能源的重要性。研究重点从航天转向地面发电装置,磷酸燃料电池(PAFC)、熔融碳酸盐燃料电池(MCFC)以及直接采用天然气、煤气和碳氢化合物作燃料的固体氧化物燃料电池(SOFC)作为电站或分散式电站相继问世。

1993年,加拿大巴拉德电力公司展示了一辆零排放、最高时速为72km/h、以质子交换膜燃料电池(PEMFC)为动力的公交车,引发了全球性燃料电池电动车的研究开发热潮。

20世纪末,以醇类直接为燃料的燃料电池成为了研究与开发的热点,受到了世界各国的广泛重视,并取得了长足的进展。

2. 燃料电池种类

燃料电池有多种分类方法,以下是几种常见的分类方法。

(1)按燃料电池的运行机理可分为:酸性燃料电池和碱性燃料电池。

(2)按电解质的种类不同可分为:碱性燃料电池(AFC)、质子交换膜燃料电池(PEMFC)、磷酸燃料电池(PAFC)、熔融碳酸盐燃料电池(MCFC)、固体氧化物燃料电池(SOFC)、直接甲醇燃料电池(DMFC)。

(3)按燃料类型不同可分为:氢燃料电池、甲烷燃料电池、甲醇燃料电池、乙醇燃料电池。

在多种燃料电池中,在汽车上应用较多的是质子交换膜燃料电池和直接甲醇燃料电池,本章重点介绍。

3. 燃料电池的特点

1)效率高

燃料电池的发电方式,是按照电化学的原理进行的,直接等温地将化学能转变成电能,它与柴油、汽油发电机近似,但它不是热机,没有燃烧过程、不受卡诺循环的限制、转换次数少、效率高,如图6-2所示。大部分内燃机的能量转化效率在18%~24%,在没有利用余热的情况下,燃料电池的效率可达45%～65%。这个效率与其他任何类型的发电技术相比,平均单位质量燃料所能产生的电能(除了核能发电以外)是最高的。图6-3所示为燃料电池与其柴油机能量转化率比较图。

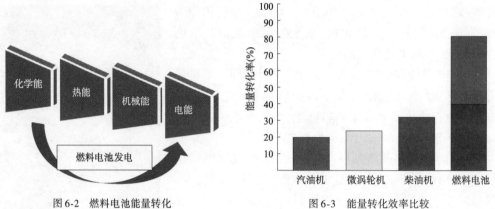

图6-2　燃料电池能量转化　　　　图6-3　能量转化效率比较

2)噪声低

当前普遍采用的传统发电技术中,包括火力发电、水力发电、核能发电等,其主要发电装置是大型涡轮机,涡轮机是一种结构复杂的大型高速旋转机械,在旋转过程中会产生非常大的噪声。与此相反,燃料电池的结构简单,没有旋转机件,理论上可以实现"零噪声"地将燃料的化学能转变成电能。但实际上,由于其外围设备如泵类及冷却风机的存在,并不能实现零噪声运转,仍然有一些噪声存在,但比较小,图6-4所示为燃料电池与其柴油机噪声比较。

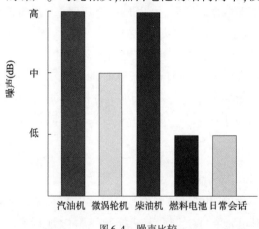

图6-4　噪声比较

3)占地面积小、建造时间短

由于燃料电池发电厂没有常规火力发电厂那样复杂的锅炉、汽轮发电机等庞大的成套设备,用水量也很少,所以使占地面积和工程量大大减少,再加上电池组件化(如4.5MW的试验装置由460个电池组件组成),设计、制造、组装都十分方便,建设周期短,扩建也容易,可以完全根据实际需要分期筹建。对于容量为几百千瓦的燃料电池发电站而言则更加容易。图6-5所示为世界最大的燃料电池发电园。

4)污染小

燃料电池以氢气为主要燃料,它清洁、无污染,而且不会产生二氧化碳温室效应气体。当采用化石燃料如煤、石油、天然气等作燃料时,要经过重整反应来提炼出富氢燃料作为燃料电池的燃料,而在重整改质过程中虽然也会产生一些污染物和二氧化碳,但比热机过程要减少40%以上,可以有效地减缓地球的温室效应与大气污染;其次,由于燃料电池所用的燃料气体在反应前必须脱硫,而且燃料电池的电化学反应发电不经过燃烧,所以它不冒烟,几乎不排放硫化物及氮氧化物,也减轻了对大气的污染。当燃料电池以纯氢为燃料时,它的排放产物只是纯水。

图 6-5 世界最大的燃料电池发电园

5)所用燃料广泛

全球正在以非常快的速度耗尽几十亿年来大自然所储存的能源与资源。如煤、石油等化石燃料及天然气等,这些都是非再生能源,用完后是无法再补充的。而核能的安全性又受质疑,太阳能的能量密度又低,是否能够取代现有的能源使用方式,还是个问号。对于燃料电池而言,只要是含有氢原子的物质(例如天然气、石油、煤炭等汽化产物,或是沼气、酒精、甲醇等),都可以作为燃料使用。因此,燃料电池非常符合能源多元化,可以减缓主流能源的耗竭。

6)用途广

燃料电池的发电容量由单体电池的功率与数目来决定,无论发电规模大小均能保持较高的发电效率。因此,它的机组大小与发电规模具有弹性。目前发展中的燃料电池所能提供的电力范围在 1W～1000MW 之间,因此可应用的产品也非常多,包括便携式电力、车辆电力、现场型汽电共生电厂、分散型电厂以及集中型电厂等。

4. 燃料电池与传统电池异同

相同点:都是将活性物质的化学能转化为电能。

不同点:燃料电池本身不存储活性物质(反应物),而只是一个催化转换元件。形象地说它是一个能量转换装置,而传统电池是一个能量储存装置。

(二)碱性燃料电池(AFC)

在众多类型的燃料电池中,碱性燃料电池(AFC)技术是最成熟的。其最初是美国航空航天局的太空计划中的一部分,在航天器上应用于生产电力和水。

1. 碱性燃料电池结构及工作原理

碱性燃料电池(Alkaline Fuel Cell,AFC)以强碱(如氢氧化钾、氢氧化钠)为电解质,氢气为燃料,纯氧或脱除微量二氧化碳的空气为氧化剂,采用对氧电化学还原具有良好催化活性的 Pt/C、Ag、Ag-Au、Ni 等为电催化剂制备的多孔气体扩散电极为氧化极,以 Pt-Pd/C、Pt/C、Ni 或硼化镍等具有良好催化氢电化学氧化的电催化剂制备的多孔气体电极为氢电极。以无孔炭板、镍板或镀镍甚至镀银、镀金的各种金属(如铝、镁、铁等)板为双极板材料,在板面上可加工各种形状的气体流动通道构成的双极板。

如图 6-6 所示,在阳极,氢气与氢氧根离子在电能化剂的作用下,发生氧化反应生成水电子,电子通过外电路达到阴极,在极催化剂的作用下,参与氧的还原反应,生成的氢氧根离子通过浸泡碱液的多孔石棉迁移到氢电极,其反应式如下。

阳极反应式：
$$H_2 + 2OH^- \rightarrow 2H_2O + 2e^- \tag{6-1}$$

阴极反应式：
$$O_2 + 2H_2O + 4e^- \rightarrow 4OH^- \tag{6-2}$$

总反应式：
$$O_2 + 2H_2 \rightarrow 2H_2O \tag{6-3}$$

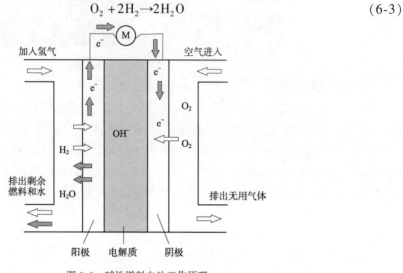

图 6-6　碱性燃料电池工作原理

2. 碱性燃料电池的特点

碱性燃料电池与其他类型燃料电池相比，具有以下特点。

(1) 碱性燃料电池具有较高的转化效率(50%~55%)。

(2) 工作温度大约为80℃，它的起动很快，但其电力密度较低。

(3) 性能可靠，可用非贵金属作为催化剂。

(4) 碱性燃料电池是燃料电池中生产成本最低的一种电池。

(5) 碱性燃料电池使用具有腐蚀性的液态电解质，具有一定的危险性和容易造成环境污染。

(三) 磷酸燃料电池(PAFC)

磷酸燃料电池(Phosphoric Acid Fuel Cell，PAFC)是以浓磷酸为电解质的中温型燃料电池。

1. 磷酸燃料电池结构

磷酸燃料电池的电池片由基材及肋条板触媒层所组成的燃料电极、保持磷酸的电解质层、与燃料极具有相同构造的空气电极构成，如图6-7所示。

2. 磷酸燃料电池工作原理

如图6-8所示，电池中采用的是100%磷酸电解质，氢气燃料被加入到阳极，在催化剂作用下被氧化成为质子，同时释放出两个自由电子。氢质子和磷酸结合成磷酸合质子，向正极移动。电子向正极运动，而水合质子通过磷酸电解质向阴极移动。因此，在正极上，电子、水合质子和氧气在催化剂的作用下生成水分子。具体的电极反应式如下。

阳极反应式：

$$H_2 \rightarrow 2H^+ + 2e^- \tag{6-4}$$

阴极反应式：

$$O_2 + 4H^+ + 4e^- \rightarrow 2H_2O \tag{6-5}$$

总反应式：

$$O_2 + 2H_2 \rightarrow 2H_2O \tag{6-6}$$

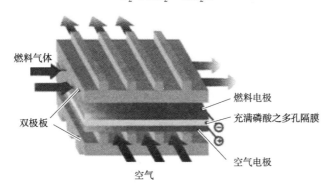

图 6-7　磷酸燃料电池结构图

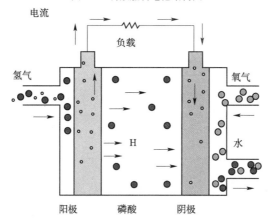

图 6-8　磷酸燃料电池工作原理

3. 磷酸燃料电池特点

(1) 磷酸燃料电池的工作温度要比质子交换膜燃料电池和碱性燃料电池的工作温度略高,为 150~200℃,但仍需电极上的铂催化剂来加速反应。较高的工作温度也使其对杂质的耐受性较强,当其反应物中含有 1%~2% 的一氧化碳和百万分之几的硫时照样可以工作。

(2) 磷酸燃料电池的效率比其他燃料电池低,约为 40%,其加热的时间也比质子交换膜燃料电池长。

(3) 磷酸燃料电池具有构造简单、稳定、电解质挥发度低等优点。它可用作公共汽车的动力,而且有许多这样的系统正在运行,不过这种电池很难用在轿车上。目前,磷酸燃料电池能成功地用于固定的应用,已有许多发电能力为 0.2~20MW 的工作装置被安装在世界各地,为医院、学校和小型电站提供电力。

(四)熔融碳酸燃料电池(MCFC)

熔融碳酸盐燃料电池(Molten Carbonate Fuel Cell)简称 MCFC,是由多孔陶瓷阴极、多孔陶瓷电解质隔膜、多孔金属阳极、金属极板构成的燃料电池,其电解质是熔融态碳酸盐,如图 6-9 所示。

如图 6-10 所示,当温度加热到 650℃时,碳酸盐就会溶化,产生碳酸根离子,从阴极流向阳极,与氢结合生成水、二氧化碳和电子。电子然后通过外部回路返回到阴极,并在这过程中产生电能,其反应式如下。

阳极反应式:

$$CO_3^{2-} + H_2 \rightarrow H_2O + CO_2 + 2e \tag{6-7}$$

阴极反应式:

$$2CO_2 + O_2 + 4e^- \rightarrow 2CO_3^{2-} \tag{6-8}$$

电池反应式:

$$O_2 + 2H_2 \rightarrow 2H_2O \tag{6-9}$$

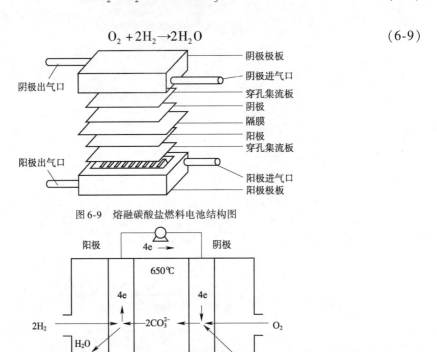

图 6-9 熔融碳酸盐燃料电池结构图

图 6-10 MCFC 工作原理图

(五)固体氧燃料电池(SOFC)

固体氧化物燃料电池(简称 SOFC)属于第三代燃料电池,是一种在中高温下直接将储存在燃料和氧化剂中的化学能高效、环境友好地转化成电能的全固态化学发电装置。被普遍认为是在未来会与质子交换膜燃料电池(PEMFC)一样得到广泛普及应用的一种燃料电池。采用的是固态电解质(钻石氧化物),性能很好。他们需要采用相应的材料和过程处理技术,因为电池的工作温度约为 1000℃。固态氧化物燃料电池工作温度比溶化的碳酸盐燃料电池的温度还要高,它们使用诸如用氧化钇稳定的氧化锆等固态陶瓷电解质,而不用使用液体电解质。其工作温度位于 800~1000℃。

1. 固体氧气燃料电池结构

如图 6-11 所示,每根管子都是一电池单体,从里面到外面分别由空气电极、电解质、燃料电极以及双极板连接材料等组成。

2. 固体氧气燃料电池工作原理

如图 6-12 所示,在这种燃料电池中,当氧离子从阴极移动到阳极氧化燃料气体(主要是氢和一氧化碳的混合物)时便产生能量。阳极生成的电子通过外部电路移动返回到阴极上,减少进入的氧,从而完成循环。其反应式如下。

阴极反应式:
$$O_2 + 4e^- \rightarrow 2O^{2-} \tag{6-10}$$

阳极反应式:
$$O^{2-} + H_2 \rightarrow H_2O + 2e^- \tag{6-11}$$

电池反应式:
$$O_2 + 2H_2 \rightarrow 2H_2O \tag{6-12}$$

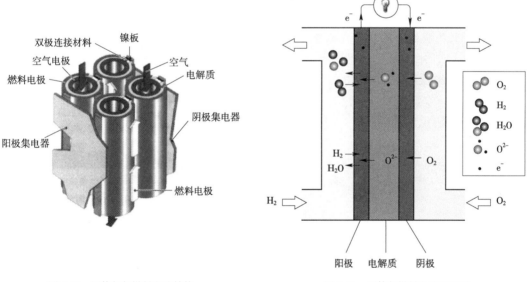

图 6-11 固体氧气燃料电池结构　　　　图 6-12 固体氧燃料电池原理图

(六) 质子交换膜燃料电池

1. 质子交换膜燃料电池结构

质子交换膜燃料电池(proton exchange membrane fuel cell,PEMFC)是一种燃料电池,其发电过程不涉及氢氧燃烧,因而不受卡诺循环的限制,能量转换率高;发电时不产生污染,发电单元模块化,可靠性高,组装和维修都很方便,工作时也没有噪声。所以,质子交换膜燃料电池电源是一种清洁、高效的绿色环保电源。

如图 6-13 所示,其单电池由阳极、阴极和质子交换膜组成,阳极为氢燃料发生氧化的场所,阴极为氧化剂还原的场所,两极都含有加速电极电化学反应的催化剂,质子交换膜作为电解质。工作时相当于一直流电源,其阳极即电源负极,阴极为电源正极。

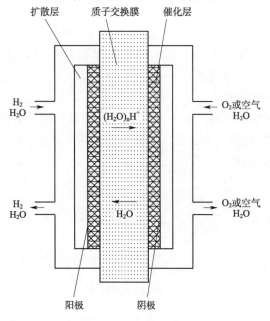

图 6-13 质子交换膜燃料电池结构

2. 质子交换膜燃料电池工作原理

如图 6-14 所示,质子交换膜两电极的反应式如下。

阳极(负极)反应式:
$$H_2 - 2e^- = 2H^+ \tag{6-13}$$

阴极(正极)反应式:
$$O_2 + 4e^- + 4H^+ = 2H_2O \tag{6-14}$$

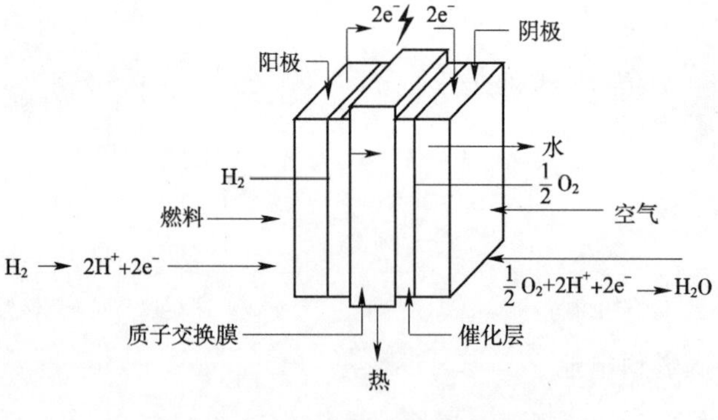

图 6-14 质子交换膜燃料电池工作原理

氢气在阳极催化剂的作用下发生氧化反应,生成阳离子并给出自由电子;氧气在阴极催化剂的作用下发生还原反应,得到电子并产生阴离子;阳极产生的阳离子或者阴极产生的阴离子通过质子导电,而对电子绝缘的电解质运动到相对应的另外一个电极上,生成反应产物并随未反应完的反应物一起排到电池外,与此同时,电子通过外电路由阳极运动到阴极,使整个反应过程达到物质的平衡与电荷的平衡,外部用电器就获得了燃料电池所提供的电能。

当反应物消耗完时电池也就不能继续提供电能了。而燃料电池是一个敞开体系，与外界不仅有能量的交换，也存在物质的交换。外界为燃料电池提供反应所需的物质，并带走反应产物。

由于质子交换膜只能传导质子，因此氢质子可直接穿过质子交换膜到达阴极，而电子只能通过外电路才能到达阴极。当电子通过外电路流向阴极时就产生了直流电。以阳极为参考时，阴极电位为1.23V。也即每一单电池的发电电压理论上限为1.23V。接有负载时输出电压取决于输出电流密度，通常在0.5~1V。将多个单电池层叠组合就能构成输出电压满足实际负载需要的燃料电池堆（简称电堆）。

3. 质子交换膜燃料电池主要部件

1）膜电极

膜电极通常由电极（又称气体扩散层）、催化剂层、电解膜等组成。

PEMFC的电极均为气体扩散电极。它至少由两层构成：起支撑作用的扩散层和为电化学反应进行的催化层，如图6-15所示。

图6-15 电极结构示意图

扩散层起支撑作用，为此要求扩散层适于担载催化层，扩散层与催化层的接触电阻要小；催化层主要成分是Pt/C电催化剂，故扩散层一般选炭材制备。

反应气需经扩散层才能到达催化层参与电化学反应，因此扩散层应具备高孔隙率和适宜的孔分布，有利于传质。

阳极扩散层收集燃料的电化学氧化产生的电流，阴极扩散层为氧的电化学还原反应输送电子，即扩散层应是电的良导体。因为FEMFC工作电流密度高达$1A/cm^2$，扩散层的电阻应在$m·cm^2$的数量级。

PEMFC效率一般在50%左右，极化主要在氧阴极，因此扩散层尤其是氧电极的扩散层应是热的良导体。

扩散层材料与结构应能在PEMFC工作条件下保持。

2）双极板

双极板是质子交换膜燃料电池的关键组件之一，其质量占电池堆质量的70%~80%，而且在电池堆的生产成本占很大比重。在燃料电池工作过程中，双极板起到分隔氧化剂与还原剂的收集电流和传导反应的热量等作用，双极板的质量直接决定了燃料电池输出功率的大小和使用寿命的长短。因此，使用的材料要有优良的导电导热性能；良好的抗腐蚀性能；具有一定的强度；而且满足低成本、易加工、接触电阻低等特点。目前，双极板广泛采用的材料是石墨和金属板。

（七）直接甲醇燃料电池

DMFC的研究始于20世纪50年代，但在刚开始时，这方面的研究没有受到重视，主流还是以PEMFC为主，进展比较缓慢。直到20世纪90年代，由于PEMFC商业化进程中遇到氢源的问题，而DAFC具有结构简单、体积小、比能量高、维修方便、燃料的储运和使用安全方便等优点，人们才开始关注它，DAFC可作为便携式电源和电动车电源有着巨大应用潜力。

1. 直接甲醇燃料电池的结构及工作原理

直接甲醇燃料电池(DMFC)一直被认为是理想的燃料电池之一。直接醇类燃料电池(DAFC)与PEMFC相近，只是不用氢作燃料，而是直接用醇类和其他有机分子作燃料。直接甲醇燃料电池(DMFC)是以质子交换膜为电解质、液态甲醇为燃料的一种新型燃料电池。如图6-16所示，它主要由阳极、阴极和电解质膜三部分组成。DMFC工作时，甲醇和水的混合物经扩散层扩散进入催化层，在阳极催化剂的作用下直接发生电化学氧化反应生成 CO_2、6个电子和6个质子。

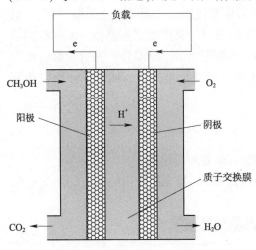

图6-16 直接甲醇燃料电池原理图

质子经质子交换膜由阳极迁移到阴极区，而电子经外电路到达阴极区。氧气(或空气)经扩散层扩散进入催化层并在阴极催化剂的作用下与流入阴极区的电子和质子发生电化学反应生成水。电池的总反应式如式(6-17)所示，电子在迁移过程中经外电路做功形成回路产生了电流，实现了化学能到电能的转化。

(1) 酸性条件下电极反应与电池总反应式如下。

阳极反应式：
$$CH_3OH + H_2O \rightarrow CO_2\uparrow + 6H + 6e^- \tag{6-15}$$

阴极反应式：
$$3/2O_2 + 6H^+ + 6e^- \rightarrow 3H_2O \tag{6-16}$$

总反应式：
$$CH_3OH + 3/2O_2 \rightarrow CO_2\uparrow + 2H_2O \tag{6-17}$$

从总反应式可以看出，DMFC中甲醇的化学能转化为电能的电化学反应结果与甲醇燃烧生成二氧化碳和水的反应相同。

由于阳极甲醇氧化反应的可逆电势较氢标准电势高，因此，DMFC的标准电势较氢氧燃料电池更低。理论计算结果表明：单节DMFC电压为1.183V，能量转化率为96.68%，但电池的实际工作电压远小于此值。当阳极电势≥0.046V(可逆氧化电势)时，甲醇将自发进行反应；相同地，当阴极≤1.23V(可逆还原电势)时，氧也可以自发地发生还原反应。因此，阳极电势比0.046V高得多而阴极电势比1.23V低得越多时，电极反应速度就越快，而此偏离热力学电势的极化现象使得DMFC的实际工作电压比标准电势 E 低。

(2) 碱性条件下电极反应与电池总反应式如下。

阳极反应式：
$$CH_3OH + 6OH^- \rightarrow CO_2\uparrow + 5H_2O + 6e^- \tag{6-18}$$

阴极反应式：
$$3/2O_2 + 6H_2O + 6e^- \rightarrow 6OH^- \tag{6-19}$$

总反应式：
$$CH_3OH + 3/2O_2 \rightarrow CO_2\uparrow + 2H_2O \tag{6-20}$$

DMFC 的期望工作温度为 120℃ 以下。

2. DMFC 的主要技术问题

1) 阳极催化剂问题

目前,DMFC 最常用的阳极催化剂为 Pt 基催化剂。但 Pt 催化剂对甲醇的电催化氧化活性不高,而且易被甲醇氧化生成的中间产物 CO 毒化,致使 Pt 催化剂的电催化性能降低。因此,研制高效、抗毒化的阳极催化剂是 DMFC 实现商业化的首要任务。

2) DMFC 的成本问题

由于在 DMFC 中,贵金属催化剂的用量较多,且常用的 Nafion 膜的价格很高,因此,如何降低 DMFC 的成本,也是值得关注的一个问题。

(八) 燃料电池汽车

1. 燃料电池电动汽车对燃料电池的基本要求

(1) 燃料电池的比能量不低于 150~200W·h/kg,比功率不低于 300~400W/kg,要求达到或超过美国先进电池联合体(USABC)所提出的电池性能和使用寿命的指标。

(2) 可以在 -20℃ 的条件下起动和工作,有可靠的安全性和密封性,不会发生燃料气体的结冰和燃料气体的泄漏。

(3) 各种结构件有足够的强度和可靠性,可以在负荷变化情况下正常运转,并能够耐受 FCEV 行驶时的振动和冲击。

(4) FCEC 除排放达到零污染的要求外,动力性能要求基本达到或接近内燃机汽车的动力性能的水平,性能稳定可靠。

(5) 各种辅助技术装备的外形尺寸和辅助技术装备的质量应尽可能地减小,以符合 FCEV 的装车要求。

(6) 燃料添加方便、迅速。燃料电池能够方便地进行电极和催化剂的更换和修理。

(7) 所配置的辅助电源,应能满足提供起动电能和储存制动反馈电能的要求。

2. 燃料电池汽车的类型及特点

1) 纯燃料电池驱动

纯燃料电池电动汽车只有燃料电池一个动力源,汽车的所有功率负荷都由燃料电池承担,如图 6-17 所示。

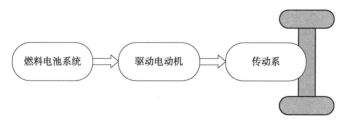

图 6-17 纯燃料电池电动汽车结构

(1) 纯燃料电池驱动电动汽车优点:

①系统结构简单,便于实现系统控制。

②系统部件少,有利于整车的轻量化。

③较少的部件使得整体的能量传递效率高,从而提高整车的燃料经济性。

(2)纯燃料电池驱动电动汽车缺点：

①燃料电池功率大,制造成本较高和整车质量增加,引起整车消耗的能量和功率增加。

②尽管燃料电池系统效率较高,但这种电池结构氢气的消耗量较大,从而使用成本较高。

③燃料电池的动态响应和可靠性难以满足车辆的要求。

④系统无法实现制动能量的回收,造成较大浪费。

2)燃料电池与辅助蓄电池联合驱动(FC+B)

这种结构在燃料电池驱动模式的基础上增加了一组蓄电池和DC/DC变换器。燃料电池为主动力源,蓄电池的功能是回收汽车制动能量以及为汽车起动、加速、爬坡等过程提供补充能量。如图6-18所示。

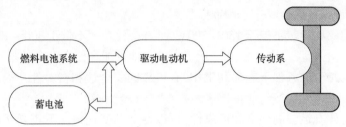

图6-18　燃料电池与辅助蓄电池联合驱动结构

(1)(FC+B)结构的特点的优点：

①降低对燃料电池的功率要求。

②燃料电池可在比较好的设定的工作条件下工作,工作时效率较高。

③系统对燃料电池的动态响应性能要求较低。

④汽车的冷起动性能好。

⑤实现制动能量的回馈。

(2)(FC+B)结构的特点的缺点：

①动力蓄电池使整车质量增加,动力性和经济性受到影响。

②动力蓄电池充放电过程会有能量损耗。

③系统变得复杂,系统控制和整体布置难度增加。

3)燃料电池与超级电容联合驱动(FC+C)的FCEV

"燃料电池+超级电容"的结构与"燃料电池+蓄电池"结构相似,只是把蓄电池换成超级电容。相对于蓄电池,超级电容充放电效率高,能量损失小、功率密度大、在回收制动能量方面比蓄电池有优势,循环寿命长,但是超级电容的能量密度较小。

4)燃料电池与辅助蓄电池和超级电容联合驱动(FC+B+C)

这种结构是在FC+B的基础上,在电源总线上再并联一组超级电容。电容可以提供加速所需的尖峰电流或吸收紧急制动的尖峰电流,保护蓄电池防止过充。机构如图6-19所示。

(1)(FC+B+C)结构的优点：

①能量输出较为平缓,随时间变化波动较小,能量需求变化的低频部分由动力蓄电池承担,能量需求变化的高频部分由超级电容承担。进一步降低对燃料电池和蓄电池的功率要求。

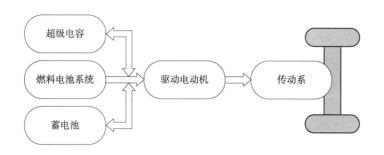

图 6-19　FC + B + C 结构

②在寒冷环境下,当蓄电池不能产生足够大的电流驱动汽车时,蓄电池可以对超级电容器进行小电流充电,让超级电容提供足够的起动功率,这样可以减少蓄电池的数量和单个电池的容量,减轻蓄电池负担。

③再生起动时,超级电容接收回馈能量,减少蓄电池的充放电次数,延长蓄电池使用寿命。

(2)(FC + B + C)结构的缺点:

①增加超级电容,整个系统的质量将可能增加。

②系统更加复杂化,系统控制和整体布置的难度也随之增大。

3. 燃料电池电动汽车基本结构

燃料电池电动汽车的动力系统主要由燃料电池、辅助动力源、电动机和动力电控系统等组成,如图 6-20 所示。燃料电池汽车根据所添加的燃料是直接燃料还是间接燃料有两种常见结构。

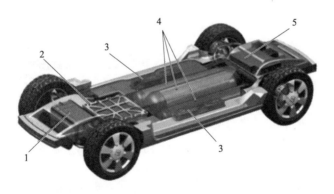

图 6-20　燃料电池电动汽车的动力系统结构

1-驱动电机;2-燃料电池堆;3-电子控制器;4-燃料储氢装置;5-蓄能装置

1)直接燃料电池电动汽车

典型的直接燃料电池电动汽车动力系统的基本构成如图 6-21 所示。主要包括燃料电池系统、配备辅助蓄能装置、驱动电机和电子控制系统。

(1)燃料电池系统。燃料电池系统的核心是燃料电池堆,此外,还配备了氢气供给系统、氧气供给系统、气体加湿系统、水循环及反应物生成处理系统等,用以确保燃料电池堆正常工作,如图 6-22 所示。

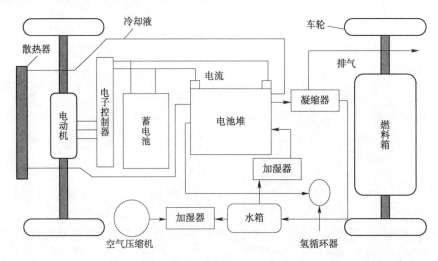

图 6-21 直接燃料电池电动汽车动力系统的基本构成

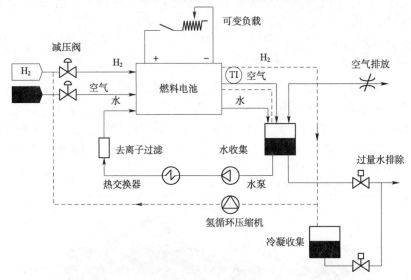

图 6-22 燃料电池系统

(2)燃料电池电动汽车配备辅助蓄能装置有以下作用。

①在燃料电池电动汽车起动时,由辅助蓄能装置提供电能带动燃料电池起动或带动车辆起步。

②在燃料电池电动汽车运行过程中,当燃料电池输出的电能大于车辆驱动所需的能量时,辅助蓄能装置可用于储存燃料电池剩余的电能。

③在燃料电池电动汽车加速和爬坡时,辅助蓄能装置可协助供电,以弥补燃料电池输出功率的不足,使电动机获得足够的电能,产生满足车辆加速和爬坡所需的电磁转矩。

④向车辆的各种电子设备、电器提供工作所需的电能。

⑤在车辆制动时,将驱动电动机转换为发电机工作状态,将车辆的动能转换为电能,并向辅助蓄能装置充电,以实现在车辆制动时的能量回收。驱动电动机用于将电源所提供的电能转换为电磁转矩,并通过传动装置驱动车辆行驶。

(3)电子控制系统。直接燃料电池电动汽车的电子控制系统包括燃料电池系统控制、DC/DC 转换器控制、辅助储能装置能量管理、电动机驱动控制及整车协调控制等控制功能,各控制功能模块通过总线连接,如图 6-23 所示。

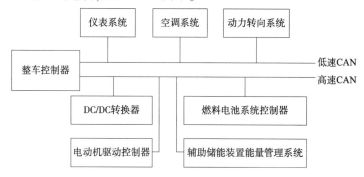

图 6-23 燃料电池汽车电子控制系统

2)重整燃料电池电动汽车

重整燃料电池电动汽车动力系统的基本组成如图 6-24 所示。

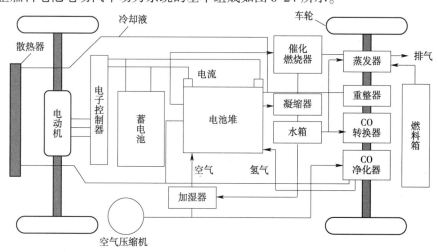

图 6-24 重整燃料电池电动汽车动力系统的基本组成

(1)重整燃料电池氢气产生的过程如下。

①车载醇类制氢过程:醇类燃料(甲醇、乙醇、二甲醚等)的车载制氢过程大体相同,均需经重整、变换、一氧化碳脱除等几个步骤。

②车载烃类制氢过程:烃类燃料(汽油、柴油、LPG 及天然气等)制氢通常包括氧化重整、高温变换、脱硫、低温变换、CO 净化及燃烧等过程。

(2)重整燃料电池电动汽车的优缺点如下。

使用车载重整器制氢的燃料电池电动汽车,其主要优点是燃料存储方便,只需要普通的容器,不需要加压或冷藏。但是,车载重整器制氢也存在着一些问题,主要有。

①燃料电池系统起动时间较长,动态响应较慢。当然,对于配备辅助蓄能装置的重整燃料电池电动汽车来说,辅助蓄能装置可很好地解决这一问题。

②重整装置不仅需要复杂的控制过程,而且其体积和质量会减少车辆可利用的空间,增

加更多的能量消耗。

③当制取的氢气纯度不高时,可能会使催化剂中毒并产生一些污染。

(九)燃料电池汽车车型

1. 丰田 FINE-X

丰田 FINE-X 为 4 轮转向与 4 轮驱动的燃料电池混合动力汽车,如图 6-25 所示。FINE-X 不仅装备了当时先进性能的燃料电池系统且具有良好的动力性和操纵稳定性,包括采用 4 轮独立的大转角转向系统,并在 4 轮中各设有一台轮毂电机。采用 4 轮独立控制的轮毂电机和能量型的燃料电池汽车混合动力系统结构,如图 6-26 所示。

图 6-25 丰田 FINE-X

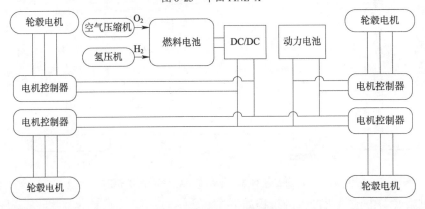

图 6-26 丰田 Fine-X 结构图

该车采用的燃料电池组和 70MPa 氢燃料箱设计在地板下,通过采用轮毂电机对 4 个车轮进行驱动,实现了真正的燃料电池汽车式封装;燃料电池组采用新型合金催化剂,大幅度减少了贵金属的使用量;车顶采用带铰链的"鸥翼"式车门,前座椅为旋转式,座椅靠背和地板均使用植物材料;车轮可实现 4 轮独立转向,在原地旋转角度近 90°,可在静止时旋转、也可仅旋转前轴或后轴进行转向等。

2. 通用 Sequel

通用 Sequel 是首辆一次加油可以行驶 480km 的燃料电池汽车,如图 6-27 所示。通用 Sequel 的驱动系统具有 3 台电机,其中包括两台轮毂电机。一台横向安装的 3 相 60kW 电机负责驱动前轮,两台 3 相 25kW 轮毂电机负责驱动后轮。能量型驱动系统结构,即燃料电池通过 DC/DC 变换器与高压总线连接,结构如图 6-28 所示。

从起步加速到 48km/h 仅用 3s 时间,加速到 96km/h 也只用不到 10s 的时间。总功率达到 110kW,轮毂电机提供的总转矩达到惊人的 3398N·m,这种大转矩使得驾驶"Sequel"能享受到极大的乐趣。

图 6-27　通用 Sequel

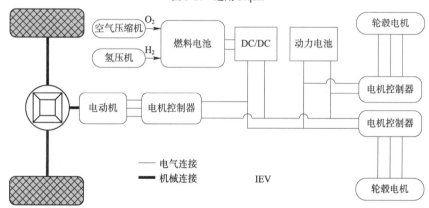

图 6-28　通用 Sequel 结构图

3. 丰田 MIRAI

丰田 MIRAI 氢燃料电池汽车于 2014 年发布,如图 6-29 所示。它是世界上第一个出现在大众市场的燃料电池汽车。

"MIRAI"的动力系统被称作 TFSC(Toyota FC Stack),即丰田燃料电池堆栈,是以燃料电池堆栈为核心组件的混合动力系统。动力系统为单电机前轮驱动,燃料电池通过升压 DC/DC 变换器与高压总线连接,蓄电池采用氢镍动力蓄电池组。系统结构如图 6-30 所示。

TFSC 没有传统的汽油发动机,也没有变速器。发动机舱内部是电机和电机的控制单元。在驾驶舱底部布置着的燃料电池堆栈是整套系统的核心。在车身后桥部分放置着个氢镍动力蓄电池组和前后两个高压储氢罐,没有油箱和大面积的锂离子电池。

燃料电池组最大输出功率为 114kW,功率输出密度为 3.1kW/L。比之前丰田公布的 FCHV-adv 燃料电池车要高 2.2 倍。同时它的最大转矩 335N·m,10s 内可以完成百公里加速,完全能够应付平常的行车需求。充满燃料的"MIRAI"拥有近似于传统汽油车款的巡航里程,达到约 500km;燃料回填补满的时间也仅需约 3min,与传统汽油车的加油时间相近。

图 6-29　丰田 MIRAI

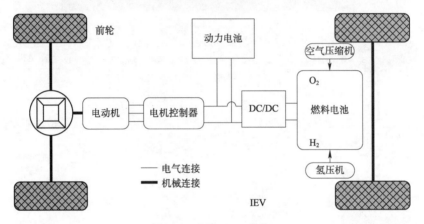

图 6-30　丰田 MIRAI 结构

4. 大众 HYMOTION

大众 HYMOTION 氢燃料电池汽车于 2014 年发布，如图 6-31 所示。

图 6-31　大众 HYMOTION

大众 HYMOTION 混合驱动系统采用双电机后轮驱动，两电机分别通过轮边减速器驱动左右后车轮，采用锂电池组，由 E-GOLF 上的电池组改进而来。燃料电池通过 DC/DC 变换器与高压总线连接。氢燃料被储存在 4 个纤维容器内，并置于车身下方，如图 6-32 所示。

氢燃料电池动力系统最大功率为 95.6kW，其 0~100kM/H 加速时间为 10s。充满氢气后，大众"HYMOTION"将拥有 500kM 的续航里程，当氢气用尽时，仅需要 3min 便可充满。

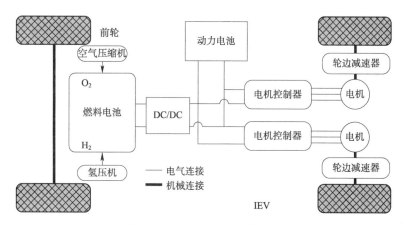

图 6-32　大众 HYMOTION 结构图

5. 丰田 FCV-R

2013 年 10 月,丰田对外展出了最新的氢燃料电池汽车 FCV-R,如图 6-33 所示。这款车经过广泛的实证实验,在 2015 年开始正式对外销售。之前的氢燃料电池汽车受限于巨额成本,仅仅对大学院校、研发机构、各国政府部门进行少量销售,对民间市场则一般采用租赁的方式提供。

图 6-33　丰田 FCV-R

FCV-R 的销售,是氢燃料电池汽车继 2002 年 12 月丰田与本田全球首次对外租赁氢燃料电池汽车之后的又一里程碑。

6. 本田 CLARITY

在 FCV 领域,本田的名气要比日本同行丰田小得多,然而,这并不妨碍本田在该领域所表现出的雄厚实力。早在 2008 年,本田就推出了 FCX CLARITY,并获得了日本"好设计奖"和 2009 年度"世界绿色汽车奖"。2014 年 7 月,本田宣布停产 FCX CLARITY,并推出新款 CLARITY,如图 6-34 所示。

新版 CLARITY 基于老款 FCX CLARITY 打造,在续航上有了很大提升,由此前的 372km 提升至 482km。此外,燃料电池体积也缩减了 33%,这使得新版 CLARITY 的车身更加紧凑。该车售价为 67000 美元,略高于丰田 MIRAI。

7. 现代 IX35 FC

2013 年 2 月,现代 IX35 FC 从韩国第二大城市釜山步下生产线,该车成为世界第一辆量产版 FCV。

现代汽车在 FCV 领域已有超过 15 年的研发历史。早在 2001 年,该公司就已推出旗下第一款 FCV。此后,经过不断更新、迭代,目前的 IX35 FC 为其第四代产品,如图 6-35 所示。

图 6-34　本田 CLARITY

图 6-35　IX35 FC

IX35 FC 是一款 SUV 产品,根据现代旗下 IX35 车型而来,其体积能容纳更大氢燃料箱,使其续航里程高达 594km。该车售价 57000 美元起,高配版本为 77000 美元。

二、思考与练习

(一)填空题

1. 燃料电池(Fuel Cell)是一种将持续供给的燃料和氧化剂中的_____连续不断地转化成_____的化学装置。

2. 1839 年,英国科学家格罗夫通过将水的电解过程逆转发现了燃料电池的原理,格罗夫也因此被称为"_____"。

3. 燃料电池的发电方式,是按照电化学的原理进行的,直接等温地将_____转变成_____。

4. 燃料电池的结构简单,没有旋转机件,理论上可以实现"_____"地将燃料的化学能转变成电能。

5. 碱性燃料电池(Alkaline Fuel Cell,AFC)以强碱(如氢氧化钾、氢氧化钠)为_____,氢气为_____,纯氧或脱除微量二氧化碳的空气为_____。

6. 磷酸燃料电池(Phosphoric Acid Fuel Cell,PAFC)是以浓磷酸为电解质的_____燃料电池。

7. _____(简称 SOFC)属于第三代燃料电池,是一种在中高温下直接将储存在_____和_____中的化学能高效、环境友好地转化成电能的全固态化学发电装置。

8. 质子交换膜燃料电池(proton exchange membrane fuel cell,PEMFC)是一种燃料电池,其发电过程不涉及_____,因而不受卡诺循环的限制,能量_____。

9. 燃料电池是一个敞开体系,与外界不仅有_____的交换,也存在_____的交换。

10. DMFC 中甲醇的化学能转化为电能的电化学反应结果与甲醇燃烧生成二氧化碳和水的反应_____。

(二) 判断题

1. 燃料电池本身不存储活性物质(反应物),而只是一个催化转换元件。（　　）
2. 磷酸燃料电池中在负极上,电子、水合质子和氧气在催化剂的作用下生成水分子。（　　）
3. 磷酸燃料电池的效率比其他燃料电池高。（　　）
4. 固体氧气燃料电池中,阳极生成的电子通过外部电路移动返回到阴极上,减少进入的氧,从而完成循环。（　　）
5. 膜电极通常由电极(又称气体扩散层)、催化剂层、电解膜等组成。（　　）
6. DMFC 的标准电势较氢氧燃料电池更高。（　　）
7. 纯燃料电池电动汽车只有燃料电池一个动力源,汽车的所有功率负荷都由燃料电池承担。（　　）
8. "燃料电池 + 超级电容"的结构与"燃料电池 + 蓄电池"结构相似,只是把蓄电池换成超级电容。（　　）
9. 燃料电池电动汽车的动力系统主要有燃料电池和动力电控系统。（　　）
10. 燃料电池系统的核心是燃料电池堆,此外,还配备了氢气供给系统、氧气供给系统、气体加湿系统、水循环及反应物生成处理系统等,用以确保燃料电池堆正常工作。（　　）

(三) 简答题

1. 燃料电池如何分类?
2. 燃料电池有哪些特点?
3. 碱性燃料电池与其他类型燃料电池相比,具有哪些特点?
4. 纯燃料电池驱动电动汽车有哪些优点?

任务7　其他动力蓄电池认知

学习目标

❖ **知识目标**

1. 能说出超级电容器的发展历程;
2. 能说出超级电容器的结构、工作原理;
3. 能介绍超级电容器所用材料;
4. 能说出超级电容器应用状况;
5. 能说出锌空气电池的结构及工作原理;
6. 能说出锌空气电池应用的材料;
7. 能分析锌空气电池的特性;
8. 能说出铝空气电池的结构、工作原理及特点;

9. 能说出铝空气电池的结构、工作原理及特点;
10. 能说出飞轮电池的特点;
11. 能说出飞轮电池的结构及工作原理;
12. 能介绍飞轮电池的应用状况。

建议课时

8课时。

任务描述

除了前面学的几种动力蓄电池之外,你还知道哪些动力蓄电池?你是否能讲述其机构、原理及特点?

一、理论知识准备

(一)超级电容器

1. 超级电容器概述

超级电容器,又称电化学电容器,是一种主要依靠双电层和氧化还原赝电容电荷储存电能的新型储能装置。与传统的化学电源不同,超级电容器是一种介于传统电容器与电池之间的电源,它兼有物理电容器和电池的特性,具有功率密度高、充放电时间短、循环寿命长、工作温度范围宽等优势。因此,可以广泛应用于辅助峰值功率、备用电源、存储再生能量、替代电源等不同的应用场景;在工业控制、电力、交通运输、智能仪表、消费型电子产品、国防、通信、新能源汽车等众多领域有着巨大的应用价值和市场潜力。如在考虑到环保需要而设计开发的电动汽车和复合电动汽车的动力系统中,若单独使用电池将无法满足动力系统的要求,然而将高功率密度电化学电容器与高能量密度电池并联组成的混合电源系统既满足了高功率密度的需要,又满足了高能量回收的需要。高能量密度、高功率密度的电化学电容器正在成为人们研究的热点。

2. 超级电容器发展历程

早在1879年,Helmholz就发现了电化学双电层界面的电容性质,并提出了双电层理论。但是,超级电容器这一概念最早是于1979年由日本人提出的。1957年,Becker申请了第一个由高比表面积活性炭作电极材料的电化学电容器方面的专利(提出可以将小型电化学容器用做储能器件);1962年标准石油公司(SOHIO)生产了一种6V的以活性炭(AC)作为电极材料,以硫酸水溶液作为电解质的超级电容器,并于1969年首先实现了碳材料电化学电容器的商业化。后来,该技术转让给日本NEC公司。1979年NEC公司开始生产超级电容器,用于电动汽车的起动系统,开始了电化学电容器的大规模商业应用,才有了超级电容器名称的由来。几乎同时,松下公司研究了以活性炭为电极材料,以有机溶液为电解质的超级电容器。此后,随着材料与工艺关键技术的不断突破,产品质量和性能得到不断稳定和提升,超级电容器开始大规模的产业化。

超级电容器的产业化最早开始于20世纪80年代,1980年NEC/Tokin与1987年松下、三菱的产品。20世纪90年代,Econd和ELIT推出了适合于大功率起动动力场合的电化学电容器。如今,Panasonic、NEC、EPCOS、Maxwell、NESS等公司在超级电容器方面的研究非常活跃。目前美国、日本、俄罗斯的产品几乎占据了整个超级电容器市场,各个国家的超级电容器产品在功率、容量、价格等方面都有自己的特点和优势。

3. 超级电容器结构

超级电容器结构上的具体细节依赖于对超级电容器的应用和使用。由制造商或特定的应用需求,这些材料可能略有不同。所有超级电容器的共性是:它们都包含一个正极,一个负极,及这两个电极之间的隔膜,电解液填补由这两个电极和隔膜分离出来的两个孔隙。

超级电容器的结构如图7-1所示,是由高比表面积的多孔电极材料、集流体、多孔性电池隔膜及电解液组成。电极材料与集流体之间要紧密相连,以减小接触电阻;隔膜应满足具有尽可能高的离子电导和尽可能低的电子电导的条件,一般为纤维结构的电子绝缘材料,如聚丙烯膜。电解液的类型根据电极材料的性质进行选择。

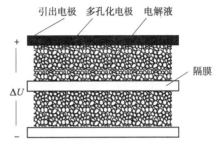

图7-1 超级电容器的基本结构

不同产品超级电容器的部件可以有所不同,这是由超级电容器包装的几何结构决定的。常见的有平板型(包括平板状和圆片状两种)和绕卷型两种,如图7-2所示。

图7-2 超级电容器常见外观形状

4. 超级电容器的分类及原理

超级电容器有多种分类方法,根据储能机制可分为双电层电容(电极表面与电解液间双电层储能)和准电容(电极表面快速的氧化还原反应储能);按其储能原理可分为双电层电容器和赝电容器(法拉第赝电容);按照电解液可分为水溶液电解液超级电容器和有机电解液超级电容器;根据结构分为对称型电容器和混合型超级电容器。

1) 双电层电容器

双电层电容器(EDLC)是一种利用电极和电解质之间形成的界面双电层电容来存储能量的装置,其储能机理是双电层理论。双电层理论认为,当电极插入电解液中时,电极表面上的净电荷将从溶液中吸引部分不规则分配的带异种电荷的离子,使它们在电极—溶液界面的溶液一侧离电极一定距离排列,形成一个电荷数量与电极表面剩余电荷数量相等而符号相反的界面层,如图7-3所示。

双电层电容器是利用双电层机理实现电荷的存储和释放从而完成充放电的过程。充电时电解液的正负离子聚集在电极材料/电解液的界面双层,以补偿电极表面的电子。尤其是在充电强制形成离子双层时,会有更多带相反电荷的离子积累在正负极界面双层,同时产生

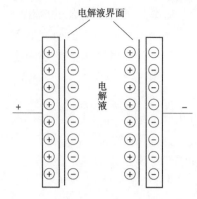

图7-3 双电层结构示意图

相当高的电场,从而实现能量的存储。放电时,随着两极板间的电位差降低,正负离子电荷返回到电解液中,电子流入外电路的负载,从而实现能量的释放,如图7-4所示。

2) 法拉第赝电容器

法拉第赝电容器又称法拉第准电容,是在电极表面活体相中的二维或三维空间上,电活性物质进行欠电位沉积,发生高度可逆的化学吸附或氧化还原反应,产生与电极充电电位有关的电容。这种电极系统的电压随电荷转移的量呈线性变化,表现出电容特征,故称为"准电容",是作为双电层型电容器的一种补充形式。

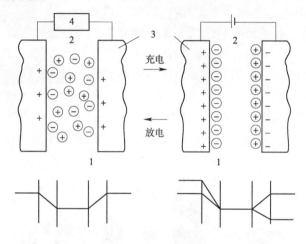

a) 无外加电源时电位　　b) 有外加电源时电位

图7-4 双层电容器工作原理

1-双电层;2-电解液;3-极化电极;4-负载

法拉第准电容的充放电机理为:电解液中的离子(一般为 H^+ 或 OH^-)在外加电场的作用下向溶液中扩散到电极/溶液界面,而后通过界面的电化学反应进入到电极表面活性氧化物的体相中;若电极材料是具有较大比表面积的氧化物,就会有相当多的这样的电化学反应发生,大量的电荷就被存储在电极中。放电时这些进入氧化物中的离子又会重新回到电解液中,同时所存储的电荷通过外电路释放出来,如图7-5所示。

在电极的比表面积相同的情况下,由于法拉第赝电容器的电容在电极中是由无数微等效电容电路的网络形式形成的,其电容量直接与电极中的法拉第电量有关,所以法拉第赝电容器的比电容是双电层电容器的10~100倍。

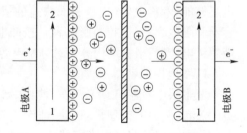

图7-5 法拉第赝电容器充电原理图

5. 超级电容器电极材料

超级电容器通常包含双电极、电解质、集流体、隔离物4个部件。其中,电极材料是关键,它决定着电容器的主要性能参数。作为超级电容器的电极材料,不仅要求有高的比容量,而且应具备较低的内电阻,以满足大电流快速充放电的要求。同时,电极材料必须容易在电极/电解质界面上形成双电层电容或法拉第赝电容,并具有适当的化学、力学稳定性和良好的电子、离子导电性。常用的电极材料有碳基材料电极、导电聚合物电极和金属氧化物电极。

1)碳电极

碳材料化学性质稳定,有良好的耐腐蚀性和导电导热性,是应用最为广泛的电极材料,也是目前仅有的商业化的超级电容器电极材料。根据电容器特点和原理,作为超级电容器的优异碳基电极材料需要具有发达的比表面积、合理的孔容和孔径分布、良好的导电性和浸润性。材料表面除能产生双电层电容外,最好能发生赝电容反应。从这些方面考虑,目前主要的碳基电极材料有活性炭、活性炭纤维、碳气凝胶、碳纳米管等。

(1)活性炭。活性炭具有原料丰富、价格低廉、成形性好、电化学稳定性高、技术成熟等特点,是最早作为电容器电极的碳材料。根据图7-6给出的专利分布情况,我们不难发现活性炭电极的专利申请量最大,但活性炭的导电性较差,且比电容值相对较低。因此,开发具有赝电容行为的碳基材料成为当前的研究热点。目前一些新型碳材料正被广泛研究用于超级电容器电极材料,其中最有代表的当属于碳纳米管和石墨烯。

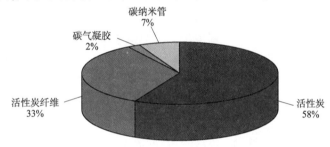

图7-6 碳基材料电极中各种材料的专利申请量分布

(2)碳纳米管。碳纳米管于1991年由日本电子公司(NEC)的饭岛(S. Iijima)博士用高分辨率电子显微镜研究电弧蒸发后在石墨阴极上形成的硬质沉积物时发现。按照碳纳米管的壁数分类,碳纳米管可分为单壁碳纳米管和多壁碳纳米管。多壁碳纳米管可看作由不同直径的单壁碳纳米管套装而成。碳纳米管申请专利较多的国家是日本、美国,分别占申请总量的35%和20%。由于碳纳米管的比表面积都很低(100~400m^2/g),所以碳纳米管超级电容器的比容都偏低。未经处理的碳纳米管通常比活性炭的电容值低,目前较好的研究成果在水系电解液中比容值也未超过180F/g,在有机电解液中电容值也未超过100F/g。通过修饰一些含氧基团,碳纳米管的比容值会有所提升,但会影响循环稳定性。另外,碳纳米管价格昂贵,相比活性炭,碳纳米管在成本和性能上没有明显优势,因此单独作为超级电容器电极材料的研究不多。近期研究发现碳纳米管作少量添加剂,可以使活性炭中20~30nm的介孔转变为具有高表面的微孔,从而改善其性能。

(3)石墨烯。石墨烯(graphene)是一种二维碳材料,于2004年由英国曼彻斯特大学和俄国切尔诺戈洛夫卡微电子工艺研究所合作发现。因其具有柔展性好、导热导电率高、机械强度大、化学稳定性高等特点,被誉为"万能材料"。它在电池、电容器、触摸屏、传感器等领域有着广泛的应用前景,受到各国政府的高度关注。各国政府,如美国、日本、韩国、中国、欧盟等,均对其研发投入了大量的人力和物力。与其他碳基电极材料相比,中国在石墨烯方面的研究发展迅速。

2) 导电聚合物电极

导电聚合物是一种新型的电极材料,其最大的优点在于可通过分子设计来循着相应的聚合物结构,从而获得符合要求的材料。导电聚合物电极材料可在有机体系和无机体系电解液中表现出理想的电容行为,其储能主要依靠法拉第赝电容原理来实现。其作用机理是通过在聚合物分子链中发生快速、可逆的 n 型(阳离子)或 p 型(阴离子)掺杂和去掺杂氧化还原反应,使聚合物达到很高的存储电荷密度,从而产生很高的法拉第赝电容来存储能量。由于聚合物导带和价带之间带隙宽,因此,聚合物电容器一般可获得较高的工作电位,通常是碳材料的 3 倍以上,具有较高的研究价值。目前而言,用于超级电容器研究较多的导电聚合物有聚苯胺(PANI)、聚吡咯(PPY)、聚噻吩(PTH)及其衍生物等。

导电聚合物目前存在的主要问题是其循环性能不稳定,在长期充放电过程中,会发生体积膨胀或者收缩的现象,导致导电聚合物材料性能下降。为了提升导电聚合物的循环稳定性,近期研究主要集中在开发具有优良掺杂性能的导电聚合物或与金属氧化物、碳制备复合材料。

3) 金属氧化物电极

一些金属氧化物以及水合物是超级电容器电极的良好材料。金属氧化物电极在超级电容器中产生的法拉第准电容是碳基材料电极表面双电层电容的 10~100 倍。因为在金属氧化物电极上发生快速可逆的电极反应,并且该电极反应能深入到电极内部,因此能量存储于三维空间中,提高了能量密度。目前在氧化物电极方面专利申请量较大的是日立麦克赛尔公司和松下公司。

金属氧化物基电容器中,目前研究最为成功的主要是二氧化钌(RuO_2)和硫酸水溶液体系。其比电容可达 760F/g。但是 Ru 价格太高,不适于商业化。因此,现在研究的热点转移到其他的廉价过渡金属氧化物如 NiO、CO_3O_4、MnO_2 等,以及金属氧化物的混合物或者金属氧化物/导电的碳基复合物上。

6. 超级电容器的特点

1) 优点

(1) 高功率密度。超级电容器的内阻小,输出功率密度高,超级电容器兼有电池高比能量和传统电容器高比功率的优点,如图 7-7 所示。

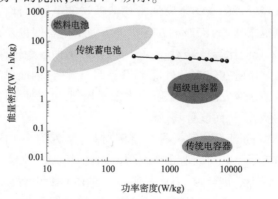

图 7-7 不同储能方式能量比较图

(2)循环寿命长。超级电容器具有至少 10 万次以上的充电寿命,没有"记忆效应"。

(3)充电速度快。可以用大电流给超级电容器充电,充电 10s～10min 可达到其额定容量的 95% 以上。

(4)工作温度范围宽。超级电容器能在 -40～60℃ 的环境温度中正常工作。

(5)简单方便。超级电容器充放电线路简单,无需充电电池那样的充电电路,安全系数高,长期使用免维护;检测方便,剩余电量可直接读出。

(6)绿色环保。超级电容器在生产过程中不使用重金属和其他有害化学物质,因而在生产、使用、储存及拆卸过程中均没有污染,是一种新型的绿色环保电源。

2)不足

虽然超级电容因其自身优秀的特点,使其在交通、工业、军事、消费类电子产品等领域得到了越来越广泛的应用。但是存在以下不足:

(1)线性放电。超级电容器线性放电的特性使它无法完全放电。

(2)低能量密度。目前超级电容器可储存的能量比化学电源少得多。

(3)低电压。超级电容单体电压低,需要多个电容串联才能提升整体电压。

(4)高自放电。它的自放电速率比化学电源要高。

由于超级电容器是一个新兴的储能器件,它在应用中还有很多的问题需要解决,主要体现在以下几个方面。

(1)超级电容器自身的技术问题。目前的超级电容器在电能存储方面与电池相比还有一定的差距,因此怎样提高单位体积内的能量(即能量密度)是目前超级电容器领域的研究重点与难点。应该说,制造工艺与技术的改进是提高超级电容器存储能力的一个行之有效的方法,但是从长远来看,寻找新的电极活性材料才是根本之所在,同时也是难点之所在。

(2)电参数模型的建立问题。在某些领域,超级电容模型可以等效为理想模型,但是在军事应用中,尤其是在卫星和航天器的电源应用中,一些非理想参数可能会带来潜在的隐患,这是不可忽视的。普通信号、滤波、储能电容引起的谐振由于能量有限,所引起的问题有较成熟的解决方案,而超级电容由于携带极高的能量,具备瞬间吞吐巨大能量的能力,因此,研究负载性质、负载波动或外部环境以及偶然因素引起的扰动对系统稳定性可能造成的影响,对可靠性设计是非常重要的。

(3)一致性检测问题。超级电容的额定电压很低(不到 3V),在应用中需要大量的串联。由于应用中需要大电流充放电,而过充对电容的寿命有严重的影响,因此,串联中的各个单体电容器上电压是否一致是至关重要的。

7. 超级电容器的应用

经过近 30 多年的发展,超级电容器作为产品已趋于成熟,其应用范围也不断拓展,如汽车(特别是电动汽车、混合燃料汽车和特殊载重车辆)、电力、铁路、通信、国防、消费性电子产品等。从小容量的特殊储能到大规模的电力储能,从单独储能到与蓄电池或燃料电池组成的混合储能,超级电容器都展示出了独特的优越性。美、欧、日、韩等发达国家和地区对超级电容器的应用进行了卓有成效的研究。目前全球已有上千家超级电容器生产商,可以提供多种类的超级电容器产品。

据业内专家预测,目前全球的年需求量约为 2 亿只,约 12 亿 W·h,增长速度约为 160%;中国市场的年需求量可达 2150 万只,约 1.2 亿 W·h,且每年都在以约 50% 的速度增长;整个亚太地区的年需求量超过 9000 万只,约 5.4 亿 W·h,增长速度约为 90%。然而,超级电容器占世界能量储存装置(包括电池、电容器)的市场份额不足 1%,在中国所占市场份额约为 0.5%。2015 年国内超级电容器市场达到 73 亿元,2012～2015 年年均复合增速 47.82%,如图 7-8 所示。可见,超级电容器存在着巨大的市场潜力。

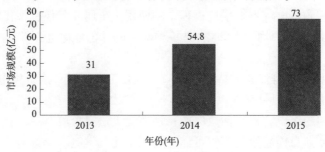

图 7-8　2013～2015 年超级电容器国内产值的分析

在超级电容器的产业化方面,美国、日本、俄罗斯、瑞士、韩国、法国等欧美国家起步较早,凭借多年的研究开发和技术积累,目前处于领先地位。如美国的 Maxwell,日本的 NEC、松下、Tokin 和俄罗斯的 Econd 公司等,这些公司目前占据着全球大部分市场。国内从事大容量超级电容器的研发开始于 20 世纪 90 年代,目前能够批量生产并达到实用化水平的厂家只有 10 多家,如上海奥威、锦州富辰、北京合众汇能等。其中,锦州富辰公司规模最大,主要生产纽扣型和卷绕型超级电容器,而上海奥威公司技术领先,产品已达到了同类产品的国际先进水平。据称,国产超级电容器已占有中国市场 60%～70% 的份额。

国内超级电容产品虽然在工艺和部分产品性能上不及国外公司,但差距正逐步缩小,特别是在卷绕型和大型超级电容方面,其技术与国际接近,某些性能甚至超过国外同类产品。如在短时大功率应用方面,以石家庄高达科技、北京金正平公司为代表,已生产出容量在 0.5～2000F、工作电压在 12～400V、最大放电电流在 400～2000A 的系列超级电容器产品,能在 -40～70℃ 的温度环境下正常工作。其技术水平已接近俄罗斯,价格却仅为俄罗斯的 1/3,具有较高的性价比。另外,在环保型交通工具方面,中国在超级电容公交电车的应用方面领先一步。2006 年 8 月 28 日,上海 11 路超级电容公交电车,即"上海科技登山行动计划超级电容公交电车示范线"投入运营,在实际应用领域走在了世界前列。该车采用上海奥威科技公司开发的具有完全自主知识产权的超级电容。

作为典型的资本密集型产业,超级电容器正处于快速发展的阶段。除了要在关键技术上(如电极、电解质和隔膜材料等)继续取得突破之外,扩大生产规模以达到较佳的规模效益,降低使用成本,以及深入了解不同行业的应用需求,开发有针对性的技术解决方案,都是目前厂商们在市场竞争中的着力点。

(二)金属空气电池

金属空气电池是一类特殊的燃料电池,也是新一代绿色二次电池的代表之一,被称为是"面向 21 世纪的绿色能源"。按照负极使用的金属来分,常见的且实用的有如下几种:锌空气电池、铝空气电池及锂空气电池等。主要组成为正极(空气电极)、负极(金属电极)。

金属空气电池发挥了燃料电池的众多优点,将锌、铝等金属像氢气一样提供到电池中的反应位置,与氧气一起构成一个连续的电能产生装置,具有无毒、无污染、放电电压平稳、高比能量、内阻小、储存寿命长、价格相对较低、工艺技术要求较低、高比功率等优点,既有丰富的廉价资源,又能再生利用,而且比氢燃料电池结构简单,是很有发展和应用前景的新能源。

1. 锌空气电池

锌空气电池(zinc air battery)用活性炭吸附空气中的氧或纯氧作为正极活性物质,以锌为负极,以氯化铵或碱性溶液为电解质的一种原电池。又称锌氧电池。

锌空气电池具有容量大、比能量高、成本低、放电性能稳定等优点,是一种具有巨大市场前景的化学电源。

1)锌空气电池结构

锌空气电池在单体电池中以锌为正极,氧为负极,采用外氧式设计,在锌空气电池两侧有两块高功率、长寿命的空气电极。糊状的锌粉在阳极端,起催化作用的炭在阴极。电池壳体上的孔可让空气中的氧进入腔体附着在阴极的炭上。同时,阳极的锌被氧化。阴极——使起催化作用的炭从空气中吸收氧。阳极——是锌粉和电解液的混合物,成糊状。电解液——高浓度的氢氧化钾水溶液。隔离层——用于隔离两级间固体粉粒的移动。绝缘和密封衬垫——尼龙材料。电池外表面——镍金属外壳,具有良好的防腐性的导体,如图7-9所示。

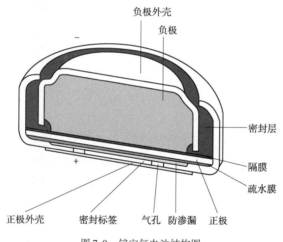

图7-9 锌空气电池结构图

成品的锌空气电池由一组单体电池串联而成,车载锌空气动力蓄电池组还包括空气流通保障系统和电池组热管理系统两个子系统,以确保动力蓄电池组能够长期、稳定地运转。空气流通保障系统,调节进入锌空气电池负极的空气量,当不使用电池时,可以自动切断空气。热管理系统保证锌空气电池组能够可靠地工作。

2)锌空气电池工作原理

锌空气电池的阴极活性物质来源于空气中的氧气,负极采用廉价的锌。在碱性电解液中,其反应原理如图7-10所示。其反应如下。

阴极反应式:

$$1/2O_2 + H_2O + 2e^- \rightarrow 2OH^- \qquad (7\text{-}1)$$

阳极反应式：

$$Zn \to Zn^{2+} + 2e^- \quad (7-2)$$

$$Zn^{2+} + 2OH^- \to Zn(OH)_2 \quad (7-3)$$

$$Zn(OH)_2 \to ZnO + H_2O \quad (7-4)$$

总反应式：

$$Zn + 1/2\, O_2 \to ZnO$$

常温常压下，空气中氧分压约为大气压的20%，锌空气电池的电动势为1.636V，实测开路电压在1.40~1.45V，工作电压为0.9~1.3V。

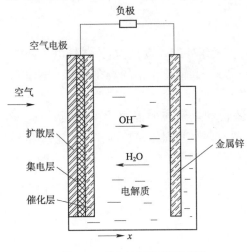

图7-10 锌空气电池原理示意图

3) 锌空气电池材料

(1) 正极材料。空气扩散正极，通常用吸附性能很好的活性炭为载体，聚四氟乙烯为憎水剂，制成多孔正极，但是由于氧电极的电化学极化很大，假如不用催化剂，电池的工作电压会很低，不能满足使用要求。

(2) 催化剂。目前用于空气电极的催化剂主要有：铂、银等贵金属、金属螯合物和金属氧化物等。贵金属作为催化剂是很好的选择，但其成本高且工艺复杂，现普遍选择二氧化锰作为催化剂。

(3) 负极材料。负极材料主要采用树枝状Zn粉。

(4) 电池电极。

①正极，锌空气电池正极包括催化层、金属网、扩散膜和空气分散层几部分。

其中，电极的催化层中包含碳与锰的氧化物混合所形成的导电介质；电极通过加入分散得很细的聚四氟乙烯微粒而产生疏水性；金属网构成结构支架并且作为集流体；疏水膜保持空气和电解质之间的界面，能使气体透过和防止水的进入；扩散膜调节空气扩散速率；空气分散层可以把氧气均匀地分散到正极表面。

②负极，对于负极，必须留出负极内部有效总体积中的一部分来容纳电池放电过程中锌转变成氧化锌时发生的膨胀。在工作条件下，这个空间也提供附加的电池空隙以容纳产生的水量，称为负极自由体积。一般是负极空间占总体积的15%~20%。

4) 锌空气电池特性

(1) 放电特性。锌空气电池的额定开路电压是1.45V，20℃时的工作压范围为1.1~1.4V，其具体数值取决于放电负载的大小，一般放电电压比较平稳，典型的终止电压为0.9V。其放电曲线如图7-11所示。

(2) 充电特性。锌空气电池的充电模式，打破了普通蓄电池的常规充电模式，采用机械式更换电池的锌板或锌粒的"充电"模式，整体更换锌空气电池的活性物质，将整个锌空气电池进行更换，电池不再需要花很长的时间来充电，更换一块20kW·h的电池块只需要1分40秒。只要在公路沿线设置锌板或锌粒匣以及电解质器匣的机械式整体更换站，其效果如同现在内燃机汽车的加油站,直接"充电",可以为用户提供很大的方便。

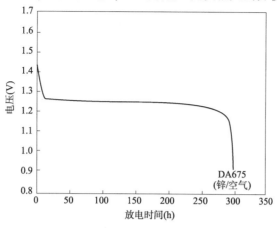

图 7-11 锌空气电池放电特性曲线

(3)储存寿命。影响锌空气电池储存寿命的主要机理是自放电反应。锌在碱性溶液里(电解质)呈热力学不稳定状态,并且发生反应形成氧化锌(放电的锌)和氢气。向锌中加入添加剂,如汞可以限制自放电反应。另外,在储存期间锌空气电池的气孔可以密封起来,以防止气体迁移引起的衰降。

2. 铝空气电池

1) 铝空气电池结构

铝空气电池的化学反应与锌空气电池类似,铝空气电池以高纯度铝 Al(含铝 99.99%)为负极、氧为正极,以氢氧化钾(KOH)或氢氧化钠(NaOH)水溶液为电解质,如图 7-12 所示。铝摄取空气中的氧,在电池放电时产生化学反应,铝和氧作用转化为氧化铝。铝空气电池的进展十分迅速,它在 EV 上的应用已取得良好效果,是一种很有发展前途的空气电池。

在单体电池中以铝(Al)为负极、氧为正极,在铝空气电池两侧有一对辅助空气电极,作为铝空气电池正极,在工作时只消耗铝和少量的水。

2) 铝空气电池工作原理

铝空气电池的负极是铝合金,在电池放电时被不断消耗,并生成 $Al(OH)_3$;正极是多孔性氧电极,跟氢氧燃料电池的氧电极相同,电池放电时,从外界进入电极的氧(空气)发生电化学反应,生成 OH^-;电解液可分为两种,其一为中性溶液(NaCl 或 $ClNH_4$ 水溶液或海水),另一种是碱性溶液。其两极反应机理如下。

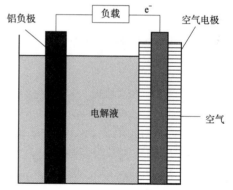

图 7-12 铝空气电池结构

负极反应式:

$$Al - 3e^- = Al^{3+} \tag{7-5}$$

$$Al^{3+} + 3OH^- = Al(OH)_3 \quad (中性溶液) \tag{7-6}$$

$$Al^{3+} + 4OH^- = Al(OH)_4^- \quad (碱性溶液) \tag{7-7}$$

正极反应式：
$$O_2 + 2H_2O + 4e^- = 4OH^- \tag{7-8}$$

总反应式：
$$4Al + 3O_2 + 6H_2O = 4Al(OH)_3 \quad （中性溶液） \tag{7-9}$$
$$4Al + 3O_2 + 6H_2O = 4Al(OH)_4^- \quad （碱性溶液） \tag{7-10}$$

3）铝空气电池特点

(1) 比能量高，电池理论比能量可达2290W·h/kg，目前实际上已经达到300~400 W·h/kg。这一数值远高于当今各种电池的比能量。

(2) 使用寿命达到3~4年。这也取决于氧电极的工作寿命，因为铝电极是可以不断更换的。

(3) 无毒、无有害气体，不污染环境。电池反应消耗铝、氧和水，生成$Al(OH)_3$。（可用于污水处理做沉淀剂）。

(4) 可设计成电解液循环和不循环两种结构形式，便于因使用场合不同而进行设计。

(5) 铝资源丰富，原料充足，全球铝的工业储量超过250亿t。

(6) 比功率中等，为50~200W/kg，这一特性由氧电极决定。氧电极的工作电位远离其热力学平衡电位，其交换电流密度很小，电池放电时极化很大。氢氧燃料电池的比功率不高，其原因也在于此。

(7) 铝在空气或水溶液中易钝化且在强碱性溶液中腐蚀速率较大，严重降低了铝阳极效率。因此电极的活化和抗腐蚀性能的提高是铝阳极研究过程中需要解决的主要问题。

(8) 其放电电压不如锌空气电池平稳，图7-13所示为铝空气电池堆放电曲线。

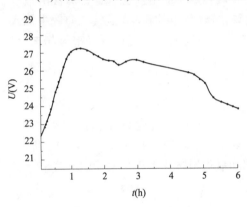

图7-13 铝空气电池堆放电曲线

3. 锂空气电池

1）锂空气电池结构

锂在金属中具有最高的理论电压(3.35V)和电化学当量(3.86A·h/g)，锂金属电池与锂离子电池相比，同体积容量要大30%左右，同质量时能量要高30%左右。

锂空气电池由锂（或锂合金）片负极、空气正极、隔膜和电解液组成。根据电解质体系不同，可分水系和非水系(有机体系、混合体系和全固态电解质体系)两种。

2）锂空气电池工作原理

(1) 水系锂空气电池工作原理。水系锂空气电池原理如图7-14所示，以金属锂为负极，由碳基材料组成的多孔电极为正极，放电过程中，金属锂在负极失去电子成为锂离子，电子通过外电路到达多孔正极，电子将空气中的氧气还原，这一反应持续进行，电池便可以向负载提供能量。充电过程正好相反，在充电电压的作用下，放电过程中产生的放电产物首先在多孔正极被氧化，重新放出氧气，锂离子则在负极被还原成金属锂，如图7-14、图7-15所示。正负极具体反应机理如下。

正极式：

$$O_2 + 2H_2O + 4e^- \rightarrow 4OH^- \tag{7-11}$$

通过导线供应电子,空气中的氧气和水发生反应后生成氢氧根离子(OH^-),在正极的水性电解液中与锂离子(Li^+)结合生成水溶性的氢氧化锂(LiOH)。

负极式:

$$Li \rightarrow Li^+ + e^- \tag{7-12}$$

金属锂以锂离子(Li^+)的形式溶于有机电解液,电子供应给导线。溶解的锂离子(Li^+)穿过电解质移到正极的水性电解液中与氢氧根离子(OH^-)反应生成氢氧化锂(LiOH)。

电池总反应式:

$$4Li + O_2 + 2H_2O \rightarrow 4LiOH \tag{7-13}$$

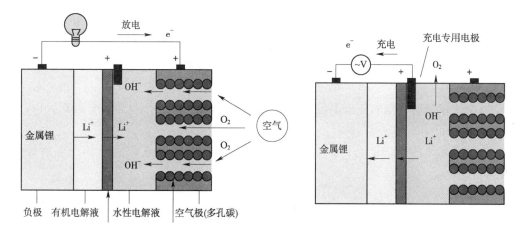

图 7-14 水系锂空气电池放电原理图　　图 7-15 非水系锂空气电池放电原理图

(2)非水系锂空气电池工作原理。非水锂系锂空气电池反应过程与水系锂空气电池基本相似,如图 7-16 所示。但正极发生的反应不同,具体反应机理如下。

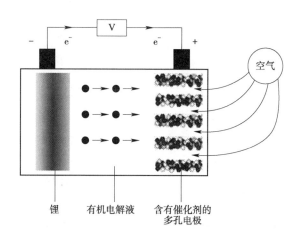

图 7-16 非水系锂空气电池原理图

正极反应式:

$$2Li^+ + O_2 + 2e^- \rightarrow 2Li_2O_2 \tag{7-14}$$

通过导线供应电子,溶解的锂离子(Li^+)穿过电解质移到正极与氧气及充导线来的电子结合生成 Li_2O_2。

负极反应式:

$$Li \rightarrow Li^+ + e^- \qquad (7\text{-}15)$$

金属锂以锂离子(Li^+)的形式溶于有机电解液,电子供应给导线。

电池总反应式:

$$2Li + O_2 \rightarrow 2Li_2O_2 \qquad (7\text{-}16)$$

3) 锂空气电池的优点

(1) 绿色环保。整个过程中不会产生对环境有害的物质,完全是零污染的绿色过程。

(2) 正极的活性物质氧气是直接来源于周围空气,因而是取之不尽用之不竭的,并且不需要储存在电池内部,这样既降低了成本又减轻了电池的质量。

(3) 能量密度高。通过理论计算可以得出,锂空气电池的能量密度可以达到 13200W·h/kg 的超高理论能量密度,这一能量密度足以和汽油相媲美,从而有望完全代替汽油,真正实现纯电动汽车

(4) 由于锂金属电池的正极不需要化学加工和电池不需要进行化学工艺处理,其成本要比锂离子电池低 40% 左右。

(5) 其标准化的 3V 电压平台,如图 7-17 所示。便于组合成适用于各种电器使用的电池。

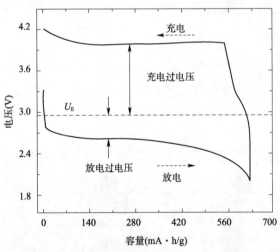

图 7-17 锂空气电池充放电曲线

4) 锂空气电池存在的问题

(1) 锂电极在电解质中的长时间稳定性。锂性质活泼,极易发生腐蚀和自放电现象,影响电池的寿命。

(2) LiOH 在阴极的析出。在放电到饱和然后在阴极析出,这将阻塞气体扩散通道和减小阴极的活化面积,阻止氧气进入。

(3) 锂的价格相对较贵,限制了电池的使用范围。

(4) 充放电倍率较低。

(5) 受空气中 CO_2 影响较大,CO_2 与 Li^+ 会生成 Li_2CO_3,影响电池性能。

(6) 锂空气电池目前还无法与锂离子电池相媲美,有待进一步提高性能,拓展应用范围。

(7) 电解质要求极其严苛。电解质在富氧环境下应保持电化学稳定性。其次,这些电解质需要对水和其他杂质不敏感。换句话说,这些电解质除了要满足离子电池用电解质的要求外(高离子导电性、电子绝缘、宽的电化学窗口等),还应满足以下特征:①富氧条件下的高稳定性;②高熔点和低蒸气压;③高的氧溶解度和扩散速率。更理想的是,这些电解质可以溶解氧—锂反应产物(如过氧化锂),至少是部分的溶解。而现在没有一种材料完全达到以上要求。

(8) 在非水系锂空气电池中,空气电极一般采用碳材料,碳材料的结构、孔容、孔径、比表面积等因素对电池的性能有很大的影响,而要生产完全符合要求的碳材料需要较高的工艺技术。

4. 飞轮电池

1) 飞轮电池概述

飞轮电池是20世纪90年代才提出的新概念电池,它突破了化学电池的局限,用物理的方法实现储能。现在广泛使用的储能电池是基于电化学原理的化学电池,它将电能转变为化学能储存,再转化为电能输出,主要优点是价格低廉,技术成熟。但存在污染严重、效率低下、充电时间长、用电时间短、使用过程中电能不易控制等缺点。

另一种储能电池是超导电池,它把电能转化为磁能储存在超导线圈的磁场中,由于超导状态下线圈没有电阻,所以能量损耗非常小,效率也高,对环境污染也小,但由于超导状态是线圈处于极低温度下才能实现,维持线圈处于超导状态所需要的低温需耗费大量能量,而且维持装置过大,不易小型化,民用的市场前景并不看好。

飞轮储能电池则兼顾了两者的优点,虽然近阶段的价格较高,但伴随着技术的进步,必将有一个非常广阔的前景。三种电池的性能参数比较见表7-1。

三种电池性能参数对比 表7-1

性 能	储 能 电 池		
	化学电池	飞轮电池	超导电池
储能方式	化学能	机械能	电磁能
使用寿命	短	长	较长
技术	成熟	验证	验证
温度范围	限制	不限	不限
外形尺寸	大	最小	中间
储能密度	小	大	大
放能深度	浅	深	深
环境影响	污染	无污染	无污染

2) 飞轮电池的结构与原理

飞轮电池由飞轮、电动机、发电机和输入/输出电子装置共同组成,如图7-18所示。

飞轮电池通过输入/输出电子装置与外部大功率的电气系统相连,外部系统所传输的能量经由电动机通过提升飞轮的转速将电能转化为机械能储存。当需要向负载输出功率时,飞轮通过发电机再将机械能转化为电能,同时飞轮转速相应降低。由于飞轮电池系统的能量转换是单线程的,即不可能同时输入、输出能量,为了降低电池系统质量和制造成本,通常将电动机/发动机及输入输出电子装置集成在一起。

图7-18 飞轮电池组成

飞轮储能的关键在于降低机械能的损失,这部分能量损失主要由空气摩擦阻力和旋转摩擦阻力两部分组成。根据降低空气摩擦阻力方式的不同,可以将飞轮电池分为高速飞轮电池和低速飞轮电池。其中低速飞轮电池通过增加飞轮质量来降低空气摩擦所带来的影响,而高速飞轮电池则通过降低飞轮工作环境的空气压力来降低空气摩擦阻力。高速飞轮电池体积小,适合车载使用。

飞轮电池结构如图7-19所示,它主要由飞轮、轴、轴承、电动机、真空容器和电力电子变换器等部件组成。飞轮是整个电池装置核心部件。它直接决定了整个装置的储能多少。电力电子变换器通常是由场效应晶体管和绝缘极场效应晶体管组成的双向逆变器,它们决定了飞轮装置能量输入输出量的大小。

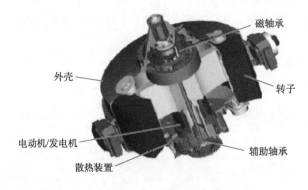

图7-19 飞轮电池结构

3) 飞轮电池在汽车上的应用

由于技术和材料价格的限制,飞轮电池的价格相对较高,在小型场合还无法体现优势。但在一些需要大型储能装置的场合,使用化学电池的价格也非常高,飞轮电池以得到逐步应用。

飞轮电池充电快,放电完全,非常适合应用于混合能量推动的车辆中。车辆在正常行驶和制动时,给飞轮电池充电,飞轮电池则在加速或爬坡时,给车辆提供动力,保证车辆运行在一种平稳、最优的状态下,可减少燃料消耗、空气和噪声污染、发动机的维护,延长发动机寿命。

美国得克萨斯州立大学已研制出汽车用飞轮电池,电池在车需要能量时可提供150kW的能量,满载车辆能加速到100km/h。美国国防部预测未来的战斗车辆在通信、武器和防护系统等方面都广泛需要电能,飞轮电池由于其快速的充放电,独立而稳定的能量输出,质量轻,能使车辆工作处于最优状态,减少车辆的噪声,提高车辆的加速性能等优点,已成为美国军方首要考虑的装置。

作为一种新兴的储能方式,飞轮电池所拥有传统化学电池无法比拟的优点已被广泛认同,它非常符合未来储能技术的发展方向。目前,飞轮电池正在向小型化、低廉化发展,在可预见的未来会得到更广泛的应用。

二、思考与练习

(一) 填空题

1. 超级电容器,又称电化学电容器,是一种主要依靠_____和氧化储存电能的新型储能装置。
2. 所有超级电容器的共性是,它们都包含_____,_____,及这两个电极之间的_____,_____填补电池中的孔隙。
3. 超级电容器有多种分类方法,根据储能机制可分为_____和_____。
4. 超级电容器通常包含_____、_____、_____、_____4个部件。
5. 锌空气电池(zinc air battery)用活性炭吸附空气中的氧或纯氧_____作为正极活性物质,以锌为负极,以_____为电解质的一种原电池。又称_____。
6. 锌空气电池具有_____、_____、_____、_____等优点。
7. 锌空气电池阴极反应式为_____,阳极反应式为_____。
8. 锌空气电池的额定开路电压是_____V,20℃时的工作压范围为_____V,终止电压为_____V。
9. 铝空气电池以_____为负极、_____为正极,以_____水溶液为电解质。
10. 铝空气电池在碱性溶液中负极反应式为_____,正极反应式为_____。
11. 锂空气电池由_____负极、_____正极、_____和_____组成。根据电解质体系不同,可分_____和_____两种。
12. 非水系锂空气电池正极反应式为_____,负极反应式为_____。
13. 飞轮电池由_____、_____、_____和_____共同组成。

(二) 判断题

1. 早在1879年,Helmholz就提出了双电层理论。但是,超级电容器这一概念最早是于1979年由日本人提出的。( )
2. 超级电容器常见的外形有平板型(包括平板状和圆片状两种)和绕卷型两种。( )
3. 超级电容器按照储能机制不同可分为水溶液电解液超级电容器和有机电解液超级电容器。( )
4. 法拉第赝电容器又称法拉第准电容。( )
5. 碳材料化学性质稳定,有良好的耐腐蚀性和导电导热性,是应用最为广泛的电极材料,也是目前仅有的商业化的超级电容器电极材料之一。( )
6. 石墨烯是一种二维碳材料,具有柔展性好、导热导电率高、机械强度大、化学稳定性高

等特点,被誉为"万能材料"。( )

7. 金属氧化物电极在超级电容器中产生的法拉第准电容是碳基材料电极表面双电层电容的 100~1000 倍。( )

8. 超级电容器的内阻小,输出功率密度高,超级电容器兼有电池高比能量和传统电容器高比功率的优点。( )

9. 锌空气电池的充电模式,打破了普通蓄电池的常规充电模式,采用机械式更换电池的锌板或锌粒的"充电"模式,整体更换锌空气电池的活性物质,将整个锌空气电池进行更换。( )

10. 影响锌空气电池储存寿命的主要机理是温度。锌在碱性溶液里(电解质)呈热力学不稳定状态,并且发生反应形成氧化锌(放电的锌)和氢气。( )

11. 铝空气电池无毒、无有害气体,不污染环境。电池反应消耗铝、氧和水,生成 $Al(OH)_3$。( )

12. 铝空气电池放电电压比锌空气电池放电电压平稳。( )

13. 锂电极可在在电解质中的长时间稳定性,不易发生腐蚀和自放电现象,不会影响电池的寿命。( )

(三) 简答题

1. 简述超级电容器的工作原理。
2. 简述锌空气电池的特点。
3. 简述铝空气电池的优缺点。
4. 简述飞轮电池的工作原理。

任务 8 动力蓄电池的使用

学习目标

❖ **知识目标**
1. 能说出动力蓄电池包的使用注意事项;
2. 能说出动力蓄电池维护方法;
3. 能说出动力蓄电池的拆装步骤。

❖ **能力目标**
1. 能进行动力蓄电池包的拆装;
2. 能对动力蓄电池进行维护。

建议课时

12 课时。

任务描述

有一客户动力蓄电池包需要更换,作为店里的维修人员,你能否帮客户解决这一问题?

一、理论知识准备

(一)动力蓄电池包的使用

在动力蓄电池包的使用过程中,不可避免地会涉及动力蓄电池包的搬运、运输、开箱、储存等这些步骤。为了能保证动力蓄电池包的正常使用,在这些过程中有一些事项需引起注意。

1. 动力蓄电池包搬运注意事项

(1)装车时,禁止动力蓄电池包及卡板淋水。

(2)搬运设备要求。搬运及放置电池包卡板应采用专业设备及工具,如电动叉车、运载能力适合的手动叉车等,以免搬运时对电池包造成损伤,如图8-1所示。

图8-1 动力蓄电池包的搬运

(3)建议卡板一个一个进行搬运并避免搬运过程中的碰撞等对动力蓄电池包造成损伤。

(4)堆叠,动力蓄电池最大允许堆叠两层,堆叠过多会导致下层动力蓄电池包的损坏。

(5)应采用单独车厢装载动力蓄电池。如无法避免时,至少应保证与易燃、易爆及危化品完全隔离。

(6)搬运前需要检查并清理出货、进货通道,保证通道畅通无阻。

(7)装车或卸车过程中注意防止卡板跌落或碰撞。

2. 运输注意事项

(1)运输时应避免因急制动等导致电池包卡板之间或卡板与运输车体之间的挤压、碰撞。

(2)运输时车厢内环境温度不能过高,如BYDe6电池包运输过程中温度不得超过45℃,各种电池要求有所差别。

(3)运输时必须确保产品不被淋水或暴晒。

3. 电源系统储存注意事项

储存维护是对长期储存(时间超过3个月)的电动汽车电源系统进行测试及检查,目的是避免电池因长期不使用而引起的性能衰降,同时消除电池组存在的安全隐患。

1)环境要求

(1)环境温度范围:15~30℃。

(2)环境相对湿度范围:最大80%。

如BYDe6电池储存就有以下要求:

(1)在储存的位置需粘贴高压危险、严禁烟火、禁止裸手作业等安全标识;储存的位置需防水,并保持地面干燥。

(2)储存位置需保持清洁,不可有粉尘,尤其不可有金属屑等导电粉尘,以避免出现漏电等安全隐患。

（3）电池不同储存环境下的储存时间不同,具体见表8-1。

电池不同储存环境下的储存时间对照表　　　表8-1

储存环境温度	储存环境相对度	储存时间	荷电状态
-20~35℃(推荐)	5%~90%	1年以内	30%≤SOC≤60%
-40℃以下	—	不允许	—
-40~40℃	5%~90%	6个月以内	20%≤SOC≤60%
40~50℃	5%~90%	不能超过7天	30%≤SOC≤60%
50~55℃	5%~90%	不能超过25h	30%≤SOC≤60%
55℃以上	—	不允许	—

（4）电池储存期间应避免阳光直射,距离热源(温度大于50℃)不得少于2m。

（5）不可有腐蚀性气体,以免破坏电池模组结构件和电池包装,影响电池性能。

（6）不可有油、腐蚀性溶剂等液体与电池包装箱接触,以免破坏电池模组结构件和电性能。

（7）储存位置(如仓库)不可有鼠虫等存在,以免破坏模组包装。

（8）存储期间定时对动力蓄电池进行维护。

2）储存注意事项

（1）电池包卡板需水平放置,最多只可叠放两层,不可在电池包卡板上堆放其他物品,如图8-2所示。以免压迫电池包卡板造成电池模组的损坏。

（2）电池包卡板必须水平放置,卡板旁边需留下安全通道,以方便电池包体的微运和操作等。如图8-3所示。

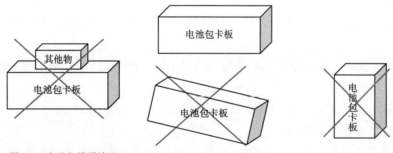

图8-2　电池包错误放置

图8-3　动力蓄电池包不水平放置

（3）保留卡板标签：储存时需确保卡板标签完好,且标签统一存放在一个方向,以便查询。如图8-4所示。

4.电动汽车动力蓄电池包使用注意事项

（1）每天出车前先检查电量是否正常(纯电动汽车是否充足电)、仪表显示是否正常、制动性能是否良好、螺钉是否松动等,有故障应及时修理排除,检查完成确定没有故障时才能出车。

（2）经常在凹凸不平的道路上行驶或经常负载运输,应每天检查车身受力部分和重要焊接点,发现异常情况,应及时进行修理。

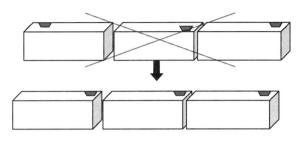

图 8-4　电池包卡板标签的放置

(3)每次停车都必须关闭电源开关,拔出钥匙,将挡位开关扳至空挡位置,并将驻车制动拉起。

(4)儿童在车内玩耍时要拔掉钥匙开关,以免造成危险。

(5)充电应在儿童无法接触到的地方进行。

(6)因事故或其他原因造成起火时应立即关闭总电源开关。

(7)经常给电动汽车充电,电量低(仪表上高压电池组电量显示 1 格位置)的情况下停放超过 7 天。

(8)电池管理系统会监控高压电池组状态。当监测到一段期间内,高压电池组没有进行过均衡充电记录时,娱乐系统显示屏上会出现"请慢充充电至少 8h 以均衡维护高压电池组"的警告信息。此时,必须对其进行慢速充电作业。

(9)高压电池包在底盘位置,刮擦、碰撞后容易受损,因此车辆在非正常路面行驶后,均需及时联系该车型授权售后服务中心,检查高压电池包是否有变形、外壳裂纹等情况。

(10)车辆在使用过程中出现意外碰撞和刮擦等情况时,均需开往该车型授权售后服务中心及时检查高压电池包是否有变形、外壳裂纹等。当发生严重事故,事故处理完毕后,请联系该车型授权售后服务中心拖车拖回该车型授权售后服务中心检查。

(11)车辆充电尽量浅充浅放,当电池电量接近 30% 时,请立刻充电,这样以提高电池的使用寿命。

(12)纯电动车辆在冬季低温行驶后,应及时充电,避免因长时间停驶导致动力蓄电池温度低,造成用电浪费和充电延时。

(13)按照维护规定里程定期进行车辆维护,这样会提高电池使用寿命,同时提高车的安全性能。

(二)动力蓄电池包的维护

电动汽车电源系统的维护包括常规维护、重点维护、储存维护等。维护人员在进行操作时必须戴好绝缘手套等防护用品。同时,各种车型动力蓄电池不一样,有时有很大差别,使用前必须熟悉动力电源产品的结构、工作原理和使用说明书。

1.电源系统维护的准备工作与注意事项

每种电动汽车、动力电源系统均有其特点,系统的结构设计、安装位置等不同的车辆有很大差别。在车辆检修和电源系统维护过程中,需要做好以下准备工作。

1)专用工具的准备

(1)检修仪器,有些电动车配备有专门的检修仪器,如 Prius 配备有智能测试仪,BYD 车有专用的解码仪(VDS200 及 ED400)。

(2) 常用仪表,如电压表、欧姆表、绝缘测试仪等。

(3) 专用工具,如螺丝刀、扳手等,这些常用工具必须有绝缘措施。

(4) 常用物料,如绝缘胶带、扎带等。

(5) 可能的专用设备,如充电器(随车配备)等。

以 BYDe6 为例,其动力蓄电池包维护需准备以下工具。

(1) 数字万用表。BYDe6 动力蓄电池包的维护需要的数字万用表如图 8-5 所示,要求其交直流电压制量程为 50mV～1000V,如果万用表有 7 挡量程,要求其基本精度为: ±0.03%rdg±5dgt,如果是 10 挡量程,要求其基本精度为: ±0.08%rdg±5dgt,电阻量程为 500Ω～500MΩ,如图 8-5 所示。万用表主要用在动力蓄电池电压测量及绝缘电阻测量。

(2) 并联定值电阻万用表笔。并联定值电阻万用表笔如图 8-6 所示,要求定值电阻范围为 100～150kΩ,与万用表笔锡焊在一起,表面有绝缘防护,用于绝缘电阻测量。

图 8-5　数字万用表　　　　图 8-6　定值电阻万用表笔

(3) e6 车型诊断仪 ED400。e6 车型诊断仪 ED400 如图 8-7 所示,主要用于读取动力蓄电池相关信息,故障诊断以及标定动力蓄电池容量等。

(4) 动力蓄电池检测柜。动力蓄电池检测柜外观如图 8-8 所示,其能检测的电压范围为 0～500V,检测的电流范围为 0～400A,配有 e6 动力蓄电池分布式管理器,能对独立动力蓄电池容量测试。

图 8-7　BYD 诊断仪 ED400　　　　图 8-8　e6 动力蓄电池包检测柜

(5) 充放电测试柜。充放电测试柜外观如图 8-9 所示,能够对电动轿车进行充放电,测量被载动力蓄电池容量。

(6) 手动叉车。手动叉车长度为 1.8m,载重 3000kg,如图 8-10 所示。主要用于拆下的独立动力蓄电池的移动。

图8-9　充放电测试柜　　　　　　图8-10　手动叉车

2）个人防护

动力蓄电池高压电路，在检修前必须做好以下个人防护措施：佩戴绝缘手套；穿防护鞋、工作服等；手腕、身上不能佩戴金属物件如金属手链、戒指、手表、项链等物品。

（1）普通手套。普通手套外观如图8-11所示，用于拆卸螺钉等以及搬运物品过程中的手部防护。

（2）绝缘手套。绝缘手套外观如图8-12所示，绝缘手套要求耐压1000V以上高压，用于拆卸或接触高压部件时的手部防护。

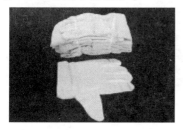

图8-11　普通手套　　　　　　图8-12　绝缘手套

（3）绝缘鞋。绝缘鞋外观如图8-13所示，要求耐压1000V以上高压。用于操作高压部件时脚部的防护。

（4）护目镜。护目镜外观如图8-14所示，动力蓄电池中的化学物质具有腐蚀性，护目镜具有抗酸碱液腐蚀的能力，用于拆卸泄漏动力蓄电池时的面部防护。

图8-13　绝缘鞋　　　　　　图8-14　护目镜

（5）绝缘胶布。如图8-15所示，绝缘胶布使用普通电工绝缘胶布即可，用于动力蓄电池动力引出、维修开关、信号线接口处的防护。可起到保护动力蓄电池部件和维护操作人安全的双重作用。

3）操作工具

（1）高压绝缘工具组件。高压绝缘工具组件如图 8-16 所示,绝缘工具能耐 1000V 以上高压,主要用于动力蓄电池包螺钉的拆卸。

图 8-15　绝缘胶布

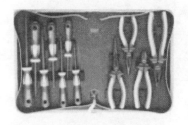

图 8-16　绝缘工具组件

（2）升降平台车。升降平台车外观如图 8-17 所示,其抬升高度不低于 1.4m,具体抬升高度可根据实际需求调整,承重 1000kg 以上。主要用于动力蓄电池拆卸及安装时拖住动力蓄电池。

（3）套筒扳手组件。如图 8-18 所示,套筒扳手组件主要用于动力蓄电池外围部件的拆卸。

图 8-17　升降平台车

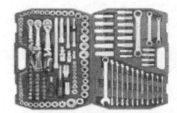

图 8-18　套筒扳手组件

2. 电源系统常规维护

常规维护是对影响电源使用过程中的安全隐患进行检查和排除,避免发生危险性事故。通过制订常规的预防性维护计划,可以更好地了解所使用电动汽车电池的健康状况和终止寿命,确定电池的更换或重点维护计划。常规维护一般每月进行一次。

1）维护程序

（1）动力电源系统在使用 1~2 个月后,维护人员需要对动力电源系统的外观和绝缘进行维护。

（2）动力电源系统在使用 3 个月后,有条件的话对动力电源系统进行一次充放维护。

（3）维护人员在进行操作时必须戴好绝缘手套等防护用品,使用前必须熟悉动力电源产品的结构、工作原理和使用说明书。

（4）在进行充放维护时,将动力电源系统按正常工作要求连接到位,接通管理系统的电源,监测电池的状态,根据监测的数据判定电池所处的环境温度、电池温度及电池电压等状态是否正常。

（5）进行充放维护前,操作者应先检查电源系统各部分的情况,在确保各部分正常的情况下才能进行充放维护。

（6）维护均应在温度为 15~30℃、相对湿度为 45%~75%、大气压为 86~106kPa 的环境中进行。

(7) 在充放维护过程中,检查管理系统的功能是否运转正常。

(8) 在充放维护过程中,检查风扇是否在规定的温度下开启和关闭,是否运转正常。

(9) 产品在充放维护结束后,检测对蓄电池包的绝缘电阻,测得的绝缘电阻应满足指标要求。用电压表分别测试蓄电池包的正极端子、负极端子与蓄电池包的最大电压,同时测得的电压值应不超过上限要求。

(10) 维护后如果电动汽车动力电源系统的功能都正常,然后再进行使用,如果有异常情况和故障出现,应立即排除,无法排除的故障应及时与该车型授权的服务中心联系处理。

2) 维护内容

(1) 检查动力电源系统的状态。

(2) 检查管理系统的功能是否正常。

(3) 对电池进行充放维护。

3) 维护方法

(1) 外观维护。

对电源系统的外观做如下检查,如有故障应及时排除,如无法排除,需要到该车型授权的服务中心修理。

①检查电池包箱体是否完好,有无损坏或腐蚀。

②检查各紧固件螺栓、螺母是否松动。

③检查电池包之间的连接线是否松动。

④检查插头是否完好,各种线束有无损坏擦伤,有无金属部分外露。

⑤检查电池包的冷却通道是否异常。

(2) 绝缘性能检测。

断开电池组与整车的高压连接,用数字电压表测量各个电池包的总正和总负端子对车体的电压是否小于上限值。如发现电压偏高,应测量电池包箱体与车体是否绝缘,如有问题,应由专业人员进行维修。通常可以根据系统总正和总负对车体的电压大致确认多个电池包组成的电源系统中哪一个对车体绝缘出现问题;通过测量电池包总正、总负对电池包外壳的电压可以大致确定电池包内绝缘故障的电池模块。例如,由60只镍氢电池组成的电池包,电池包正常电压为75V(60只电池电压总和),若总正对电池包壳体的电压为28V,则大致可以判断是从总正数第22~23只电池之间出现了漏电(75/60 = 1.25,28/1.25 = 22.4),拆包进行检查,检查漏电点并消除。若同一个电池包出现多个漏电点,则电池包内可能会出现部分电池放电严重(内部形成短路),可以按照上面的方法逐个进行消除。如果绝缘性能检测正常,再进行充放维护。

(3) 电动汽车电池及管理系统。

①接通电池管理系统,采集并记录开路状态下电池组的总电压、各个电池模块的电压以及各个电池模块的温度。

②按厂家推荐的充放电制度对系统进行充放电测试。

③在充放电过程中检查电池管理系统显示的电流、电压、温度和SOC是否正确;车辆常运行过程中,检查管理系统数据显示是否正常。否则进行故障排除。

④接通辅助电源,运行车辆直至冷却系统工作,观察冷却通道是否通畅。

⑤检查管理系统与各部分连接是否有松动。

注意： 在气温较高的情况下,在充放电过程中应打开车内空调,并开启电池包冷却风扇通风。充电过程中应注意监测各电池模块的电压和温度,如温度超过温度上限,应停止充电。

(4)冷却系统。

检测进出风通道是否顺畅,风机是否能正常工作。清除防尘网上的灰尘及杂物或更换防尘网。

4)注意事项

(1)动力电源系统在使用时,必须正确识别其正负极,不得接反,不得短路；动力电源系统充电应按照指定的充电条件进行。

(2)建议在0~30℃环境温度下进行充电。

(3)动力电源系统在使用时,应严格控制放电终止电压不低于放电最低电压,否则会引起电池性能和循环寿命下降等。

(4)动力电源系统的连接均应牢固可靠,动力电源系统应避免在倒置状态下工作。

(5)避免对动力电源系统长时间过度充电。

(6)环境温度过高或过低均会对动力电源系统的充电效率、放电容量、电压的稳定及使用寿命等有不良影响。

(7)电动汽车动力电源系统在使用中发生异常情况,应立即断开电源,并及时与厂家联系进行维修。

(8)严禁用金属或导线同时接触动力电源系统的正负极,以免造成短路。充足电的动力电源系统要防止短路,否则会严重损坏电池,甚至发生危险。在运输和使用时,不要损坏或拆卸电池组,以免电池组短路。

(9)动力电源系统应储存在干燥通风、温度不高于35℃的环境中,请勿接近火源,并避免和酸性或其他腐蚀性气体接触。

(10)动力电源系统在充放电过程中,如果出现异味或异常声响,请立即停止充电。

3. 重点维护

重点维护是对电源系统进行较详细的测试及检查,目的是保证电动汽车电源系统满足继续使用的要求,消除系统存在的安全隐患,延长电源系统的使用寿命。重点维护一般6~8个月进行一次。重点维护前先按常规维护进行检查。

1)拆卸

将电池包从车上拆卸下来。若电池包在车上安装位置合适,利于开包检查和维护,可不进行拆卸。

2)开包

(1)观察电池包外观,看是否有燃烧、漏液、撞击等痕迹。

(2)拧下电池包上盖固定螺钉,将电池包上盖取下,打开电池包。

注意： 打开电池包时不要使电池包上盖与电池接触,也不要损伤电池包。

3)电池包内部状况检查及处理

(1)绝缘检测指用数字电压表测量各个电池包的总正、总负端子对车体的电压,是否小于规定数值。如发现电压偏高,查找漏电点,更换绝缘部件或采取补救措施,消除安全隐患。

(2)检查电池包底盘和支架是否有电解液和积水等异常情况,如果存在这些异常,须更换电池,同时清理电池包安装部位,确保电池包与底盘的绝缘。

(3)观察电池外观整洁程度,是否有液体、腐蚀等现象。同时使用毛刷、干抹布清洁电池表面及零部件。

(4)检查电池之间的连接是否有松动、锈蚀等现象,如果有,及时清理或更换。

(5)检查系统输出端子的连接、电池管理系统各接插件是否牢固,如发现有松动即刻紧固。

(6)清理防尘网上的灰尘或杂物;对于采用外进风的冷却系统,电动汽车电源系统较长时间应用,电池包内可能会积存大量灰尘等,必须进行清理,清理后再次进行绝缘检测。

(7)检查各电池外观,是否有损坏、漏液、严重变形等现象,对这些电池进行标记,并进行更换。

(8)检测每只电池电压,对电压异常电池进行维护或更换。

(9)数据采集系统的检查。

①检查各连线是否连接牢固。

②检查各焊点是否有松动、脱焊现象,否则进行补焊。

注意:本部分工作与电池直接接触,操作过程中注意避免发生触电事故,不要使电池发生短路。

4. 电源系统储存维护

储存维护是对长期储存(时间超过3个月)的电动汽车电源系统进行测试及检查,目的是避免电池因长期不使用而引起的性能衰降,同时消除电池组存在的安全隐患。

有条件的话对电源系统进行一次全充全放,以使电池性能得到活化。在没有放电设备条件下,通常进行充电维护,按照常规充电方法或厂家推荐的充电方法将电源系统充满电,对于经历长期储存的电源系统/电池,首次充电必须采用较小电流进行。主要目的是:

(1)各类电池均不适宜在较低电压下进行储存,定期补充电将提高电池的储存性能。

(2)通过充电调整电动汽车电池的电压一致性。

对于铅酸蓄电池,储存时荷电量一般保持在满充电状态。对于 Ni/MH 电池,一般保持在 20% ~ 60% 的荷电态。对于 Li 系列电池,荷电量保持在 40% ~ 80% 为宜。

5. 动力蓄电池突发状况处理

1)碰撞

如果电动汽车发生碰撞,请根据实际情况按照以下方法对车辆进行操作。

(1)将车辆退电至 OFF 挡,并在条件允许的情况下断开前舱 12V 蓄电池。

(2)在条件允许的情况下,断开维修开关。

(3)立即拨打服务电话请求救援。

(4)在条件允许的情况下,可自行进行简单检查:查看动力蓄电池托盘边缘是否开裂,有无明显液体流出,按泄漏处理。

注意:(1)如果不知道如何正确操作,请勿碰触动力蓄电池。

(2)操作或碰触动力蓄电池时,请佩戴绝缘手套。

2)水淹

如果纯电动型轿车浸入深水中(400mm),请根据实际情况按照以下方法对车辆进行操作:

(1)将车辆退电至OFF挡。

(2)在有绝续防护的条件下,将车辆从水中移出并打开车门,将车辆内部积水排干。

(3)断开维修开关。

(4)在条件允许的情况下断开前舱12V蓄电池。

(5)拨打服务电话请求救援。

注意:车辆无法从水中移开时,或没有足够的绝缘防护时,不要触碰任何高压部件。

3)泄漏

如果动力蓄电池发生泄漏(有明显液体流出),需要按照以下方去对车辆进行操作。

(1)请将车辆退电至OFF挡,并在条件允许的情况下断开前舱12V蓄电池。

(2)断开维修开关。

(3)立即拨打服务电话请求救援。

发生少量泄漏时,请远离火源,使用吸液垫吸附后置于密闭容器中,或采用焚烧方式处理。操作前请佩戴防腐蚀手套。如发生大量泄漏时,请统一收集,按照危险化学品处理。

当人体不慎接触泄漏液体时,应立即用大量水冲洗10~l5min,如果有疼痛感可则用根据该种车型电池使用手册中的方法进行处理,如触碰的是BYDe6车型泄漏液体可用2.5%的葡萄糖酸钙软膏涂敷,或用2~2.5%的葡萄糖酸钙溶液浸泡止痛。若无改善或出现不适症状,请立即就医。

注意:(1)请勿触碰泄漏出的液体,远离发生泄漏的车辆或动力蓄电池。

(2)收集的泄漏液体,请勿随意弃于水、土壤等环境中。

4)冒烟起火

如果车辆起火,请根据实际情况按照以下方法继续对车辆进行操作。

(1)将车辆退电至OFF挡,并在条件允许情况下断开前舱12V蓄电池。

(2)断开维修开关(必要时可直接破坏副仪表台中维修开关上面的盖板)。

(3)就近寻找干粉灭火器。

(4)如果车辆起火,火势较小较慢,请使用干粉灭火器灭火,并立即拨打求救电话。

(5)如果火势较大,发展较快,请立即远离车辆等待救援。

注意:(1)请使用指定类型灭火器进行灭火,使用水基灭火器或不正确的灭火器灭火,可能会导致触电或其他事故发生。

(2)动力蓄电池不会发生爆炸,但有可能遇到其他特殊情况导致发生剧烈反应,飞出飞射物(例如内室件、玻璃等),请远离车辆,并通知该车型的服务中心到现场处理。

5)里程跳变

如图8-19所示,里程跳变是指仪表显示续驶里程刻度从某一指标突然大幅度下降到另一指标(幅度一般超过30km)的现象。里程跳变发生时,请将车辆行驶至最近的充电站进行充电。里程跳变的发生,实际上是车辆内部标定容量在进行修正,属正常现象,若短期内多次发生,则出现故障,应到该车型授权的服务中心进行检修。

仪表里程显示

图 8-19　电动汽车仪表里程显示图

6）动力蓄电池故障警告灯亮

当起动按钮处于 ON 挡时，此灯点亮，如图 8-20 所示。如果动力蓄电池系统工作正常，则几秒后此灯熄灭。如果发生任何一种下列情况时，则表示动力蓄电池可能发生故障，须尽快与该车型授权的服务中心联系检查车辆：

（1）当起动按钮处于 ON 挡时，此灯不亮或持续发亮。

（2）驾驶过程中，此灯点亮。

7）动力蓄电池温度过高警告灯亮

动力蓄电池温度过高警告灯亮如图 8-21 所示，此指示灯点亮时，表示动力蓄电池温度太高，须停车降温。若停车后，长时间仍得不到缓解，此灯一直点亮，或此灯经常性点亮，建议到该车型授权的服务中心进行检查。

图 8-20　动力蓄电池故障警告灯　　图 8-21　动力蓄电池温度过高警告灯

本任务所列故障，是与动力蓄电池相关的故障，故障可能是由动力蓄电池引起，或者故障的发生可能会对动力蓄电池有所损伤。故障发生时，动力蓄电池是否存在故障还需进一步检测确认，因此，在故障发生时，请及时到该车型授权的服务中心进行检测。

二、任务实施

1．准备工作

数字万用表、并联定值电阻万用表笔、e6 车型诊断仪 ED400、动力蓄电池检测柜、充放电测试柜、手动叉车、绝缘手套、绝缘鞋、护目镜、绝缘胶布、高压绝缘工具组件、升降平台车、套筒扳手组件。

2．技术要求与注意事项

拆装安全注意事项：

（1）为了避免造成人身伤害，实操过程中指导老师要在实操现场。

（2）在无佩戴相应防护用具的情况下，请勿接触或对动力蓄电池进行操作。

（3）操作前，请将车辆退电至 OFF 挡。

（4）请按照流程顺序进行拆卸。

（5）拆卸过程中，请注意动力蓄电池及车辆上贴有的高压警示标识。

（6）拆卸过程中，部分零部件具有锁紧功能，请勿使用蛮力破坏。

(7)拆卸过程中,注意对动力蓄电池进行防护。
(8)操作举升机前应先检查举升机的安全性能,确定安全后才可操作。
3.操作步骤
1)e6 动力蓄电池的拆卸
(1)打开车辆内室储物盒,并取出内部物品,如图 8-22 所示。
(2)取出储物盒底部隔板,露出 ipad 安装盖板,如图 8-23 所示。

图 8-22　储物盒　　　　　　　　　　　图 8-23　底部隔板

(3)使用十字螺丝刀将 ipad 安装盖板螺钉拧下,并掀开盖板,如图 8-24 所示。

图 8-24　掀开盖板

(4)拔掉 USB 接口、点烟器连接线,并取出维修开关上盖板,如图 8-25 所示。

图 8-25　取下盖板

(5)拉动维修开关手柄呈竖直状态,向上提拉,取出维修开关,如图 8-26 所示。
(6)使用电工绝缘胶布封住维修开关接插件母线端,如图 8-27 所示。

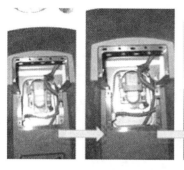
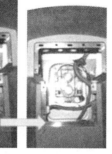

图 8-26　取下维修开关　　　　　　　　图 8-27　胶布封住维修开关

（7）取下后排座椅两侧螺钉盖板，如图 8-28 所示。

图 8-28　螺钉位置

（8）拆下座椅折弯处螺钉，如图 8-29 所示。

（9）同时拉动座椅两侧弯折处黑色拉绳，并将座椅靠背前倾，取出座椅靠背，如图 8-30 所示。

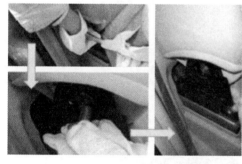

图 8-29　螺钉拆除　　　　　　　　　　图 8-30　取下后座椅靠背

（10）拆掉座椅安全带后缝隙处螺钉并取出座椅，如图 8-31 所示。

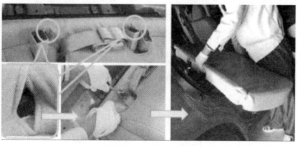

图 8-31　拆除座椅

(11) 卸掉座椅横梁固定螺钉以及安全带固定螺钉,如图 8-32 所示。
(12) 取出横梁。图 8-33 所示为横梁取下后的画面图。

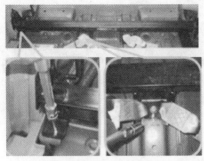

图 8-32　横梁及安全带固定螺钉位置　　图 8-33　横梁取下

(13) 打开行李舱,取出物品,如图 8-34 所示。
(14) 拆卸高压配电箱保护盖板固定螺钉,如图 8-35 所示。

图 8-34　行李舱物品取出　　图 8-35　高压配电箱固定螺钉位置

(15) 拔掉高压配电箱保护盖板上的信号连接接口,如图 8-36 所示。

图 8-36　信号线插头拔掉

(16) 取出高压配电箱盖板,如图 8-37 所示。
(17) 取下正负极接插件的红色卡扣,轻提黑色卡扣,听到"咔"声响后,拔掉接插件,如图 8-38 所示。
(18) 拆除正负极引线固定板,并使用保护盖或电工绝缘胶布对正负极引线进行防护,如图 8-39 所示。
(19) 拧下采样信号线盖板螺钉并取下盖板,如图 8-40 所示。

(20)旋转采样信号线接插件卡扣,如图8-41所示。

图8-37　高压配电箱

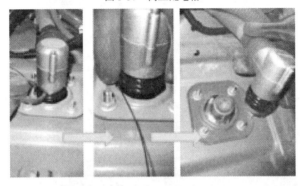

图8-38　正负极母线拔出

图8-39　拆除正负极引线固定板

图8-40　取下盖板　　　　图8-41　旋转信号线接插件卡扣

(21)取下采样信号线接插件,如图8-42所示。
(22)用举升机提升举起车辆,如图8-43所示。

图8-42 拆下信号线接插件

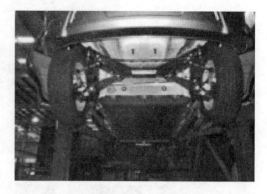

图8-43 举升车辆

(23)拆卸车头防撞梁固定螺钉,如图8-44所示。
(24)取下防撞梁,如图8-45所示。

图8-44 防撞梁固定螺钉位置

图8-45 取下防撞梁

(25)调整车辆高度,将升降平台车或简易支架车放置动力蓄电池底部顶住动力蓄电池,如图8-46所示。

(26)拆卸动力蓄电池底部固定螺钉,如图8-47所示。

图8-46 顶住动力蓄电池

图8-47 固定螺钉拆卸

(27)提升车辆高度,并将动力蓄电池拉出,如图8-48所示。

图 8-48　取下动力蓄电池

2)e6 动力蓄电池安装

(1)用电动叉车将动力蓄电池放置在举升平台或简易支撑平台上,并推入安装工位,动力蓄电池自重较大(约 700kg),如图 8-49 所示。

图 8-49　动力蓄电池安装

(2)对正位置,将车身降到合适高度,安装动力蓄电池固定螺钉,如图 8-50 所示。

(3)安装信号接插件,如图 8-51 所示。信号接插件安装时应避免线束被过度扭曲。正、负极固定板共 8 个螺母,规格为 M6,安装推荐力矩为 7.8~8.3N·m。

图 8-50　固定螺钉位置

图 8-51　信号接插件安装

(4)安装正、负极固定板,如图 8-52 所示。安装正、负极时必须佩戴绝缘手套。

(5)安装正极接插件,根据防错卡点对位,如图 8-53 所示。

(6)向上拨黑色卡扣后将接插件插到位,然后向下拨黑色卡扣,如图 8-54 所示。

图 8-52　固定板安装

图 8-53　正极接插件对位

图 8-54　卡扣安装

(7) 安装防脱卡环，如图 8-55 所示。

(8) 正极接插件安装完成，如图 8-56 所示。

图 8-55　卡环安装

图 8-56　正极插接件安装完成

(9) 安装负极接插件与正极接插件安装方式一致，如图 8-57 所示。

(10) 安装维修开关、安装盖板、橡胶垫及紧固螺钉。步骤如图 8-58 所示。安装维修开关时，必须确保整车低压电源已经关闭，起动按钮未按下起动（切忌在整车低压电源通电状态下进行应急开关的拨插，否则可能会对控制器造成损害）。紧固螺钉要按要求锁紧。

(11) 其他拆卸部件安装。

图 8-57　负极接插件安装完成

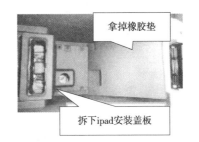
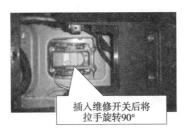

图 8-58　维修开关及外围部件安装

3) e6 动力蓄电池包的维护

(1) 将轿车停于举升机两柱之间,如图 8-59 所示。

(2) 举升轿车,高度 1.4m 左右,观察动力蓄电池托盘边缘及底部,托盘边缘是否开裂、有无液体流出,托盘底部有无凹陷变形,如图 8-60 所示。

图 8-59　轿车举升准备　　　　图 8-60　动力蓄电池外观检查

(3) 检查动力蓄电池螺栓紧固是否可靠,用扭力扳手按规定次序和力矩紧固螺栓,按维修手册要求力矩紧固螺栓,如图 8-61 所示。

(4) 检查完毕,降下轿车。

(5) 打开 e6 充电口,将 e6 车型充放电柜充电枪插入充电口,如图 8-62 所示。

(6) 将 e6 动力蓄电池放电至下限保护电压(单节电压为 2.20V),即 0% SOC。

(7) 充电至上限保护电压(单节电压为 3.80V),即 100% SOC,记录充入的容量 C。

(8) 充电结束后,拔掉充电器,关闭充电口舱门。

(9) 连接 e6 车型诊断仪 ED400,将标称容量更改为 C。

图 8-61　紧固螺栓检查

图 8-62　e6 充电口插枪

4）e6 独立电池包维护

(1) 检查动力蓄电池包外观，检查部位如图 8-63 所示，检查标准见表 8-2。

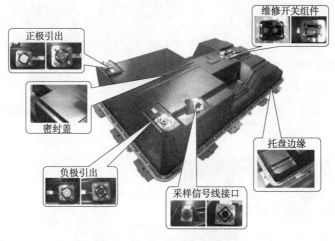

图 8-63　独立电池包外围检查部件

独立动力蓄电池包外观检查标准表　　　　　　　　　　表 8-2

检查部位	检查标准
密封盖	无裂痕，无凹陷、凸起等变形
托盘	边缘无变形
	托盘压条螺钉无松动
正、负极引出	正、负极标识和高压警示标识清晰，无破损
	正、负极引出插孔内无异物
维修开关	维修开关插孔内无异物
	维修开关配合度好
	维修开关处高压警示标识清晰，无破损
	维修开关处螺钉无松动
信号接口	无破损

(2) 如图 8-64 所示，闭合维修开关。

（3）使用万用表测量动力蓄电池总电压 U，如图 8-65 所示。

图 8-64　闭合维修开关　　　　　　　　图 8-65　总电压测量

（4）使用万用表测量正极与拖盘电压 U_1，如图 8-66 所示。
（5）使用万用表测量负极与拖盘电压 U_2，如图 8-67 所示。

图 8-66　U_1 测量　　　　　　　　图 8-67　U_2 测量

（6）将万用表笔更换为并联定值电阻表笔，并将挡位拨至电阻挡，测量定值电阻值 R，如图 8-68 所示。

（7）将万用表挡位拨回直流电压挡，测量并联电阻后，正极与托盘电压 U_3，如图 8-69 所示。

图 8-68　R 测量　　　　　　　　图 8-69　U_3 测量

（8）测量并联电阻后，负极与托盘电压 U_4，如图 8-70 所示。
（9）测量结束后断开维修开关，如图 8-71 所示。

图 8-70　U_4 测量　　　　　　图 8-71　维修开关断开

(10) 判断动力蓄电池包绝缘阻值是否正常，判断方法如下。运用测量数据计算 R_1 和 R_2。

$$R_1 = \frac{U_1 U_3}{U_3} \times \frac{R}{U}$$

$$R_2 = \frac{U_2 U_4}{U_4} \times \frac{R}{U}$$

两者中较大者为绝缘电阻值，如果绝缘阻值小于 500Ω，则为绝缘不合格。

三、技能考核标准

技能考核标准见表 8-3。

技能考核标准　　　　　　　　　表 8-3

序号	项目	操作内容	规定分	评分标准	得分
1	E6 动力电池包拆卸	(1) 防护工具使用； (2) 维修开关的拆卸； (3) 座椅、靠椅拆卸； (4) 横梁及安全带的拆卸； (5) 行李舱部件拆卸； (6) 配电箱外围部件拆卸； (7) 正负极拆卸； (8) 举升车辆； (9) 防撞梁的拆卸； (10) 取下动力蓄电池包	30 分	(1) 正确穿戴安全防护工具得 3 分； (2) 正确拆下维修开关得 3 分； (3) 正确选用工具，座椅、靠椅拆卸方法正确得 3 分； (4) 横梁及安全带的拆卸方法正确得 3 分； (5) 行李舱部件拆卸方法正确得 3 分； (6) 配电箱及周围部件拆卸方法正确得 3 分； (7) 正负极拆卸方法正确得 3 分； (8) 正确操作举升机举升车辆得 3 分； (9) 防撞梁的拆卸方法正确得 3 分； (10) 正确使用辅助工具取下动力蓄电池包得 3 分	
2	E6 动力电池包安装	(1) 防护工具使用； (2) 将动力蓄电池包推入维修工位； (3) 安装动力蓄电池固定螺钉； (4) 安装信号插接件； (5) 安装正负极； (6) 安装其他外围部件	30 分	(1) 正确穿戴防护工具得 5 分； (2) 正确使用工具，推入维修工位位置基本对正车动力蓄电池包安装位置得 5 分； (3) 正确使用拧紧工具，拧紧力矩合适得 5 分； (4) 正确安装接插件且无遗漏得 5 分； (5) 正确安装正负极得 5 分； (6) 正确安装其他部件，无遗漏得 5 分	

续上表

序号	项　目	操作内容	规定分	评分标准	得分
3	车载动力电池维护	(1)防护工具使用； (2)举升车辆； (3)动力蓄电池外观检查； (4)螺栓力矩检查； (5)运用充电柜对动力蓄电池包充放电； (6)容量更改	30分	(1)正确穿戴防护工具得5分； (2)正确操作举升机举升车辆得5分； (3)严格按标准检查动力蓄电池外观，无遗漏项得5分； (4)正确检查螺栓力矩是否正常得5分； (5)正确操作充放电柜，正确读取记录充入容量得5分； (6)正确使用解码仪更改容量得5分	
4	独立动力电池包维护	(1)防护工具使用； (2)外观检查； (3)U_1、U_2、U_3、U_4及R测量； (4)绝缘性判断	20分	(1)正确使用防护工具得2分； (2)按标准正确检查外观，无遗漏项得10分； (3)正确选用工具测量，读数准确得4分； (4)计算正确，判断正确得4分	
	总分		100		

四、思考与练习

（一）填空题

1.搬运及放置电池包卡板应采用专业设备及工具，如_____、_____等，以免搬运时对电池包造成损伤。

2.应采用单独车厢装载动力蓄电池。如无法避免时，至少应保证与_____、_____及_____完全隔离。

3.运输时车厢内环境温度不能过高，如BYDe6电池包运输过程中温度不得超过_____，各种电池要求有所差别。

4.储存维护是对长期储存（时间超过3个月）的电动汽车电源系统进行_____及_____，目的是避免电池因长期不使用而引起的_____，同时消除电池组存在的_____。

5.在储存的位置需粘贴_____、_____、_____安全标识，储存的位置需_____，并保持_____。

6.电动汽车电源系统的维护包括_____、_____、_____等。

7.充放电测试柜要对电动轿车进行_____，测量被载动力蓄电池_____。

8.个人防护工具有_____、_____、_____及_____等。

9. 动力电源系统在使用 1~2 个月后,维护人员需要对动力电源系统的_____和_____进行维护。

10. 动力电源系统在使用 3 个月后,有条件的话对动力电源系统进行一次_____。

11. 动力蓄电池维护的内容有_____、_____及_____。

12. 重点维护一般_____个月进行一次,重点维护前先按_____进行检查。

13. 动力蓄电池_____、_____、_____、_____、_____等突发状况。

14. 动力蓄电池操作工具有_____、_____和_____。

15. 在充放电过程中需检查电池管理系统显示的_____、_____、_____和_____是否正常。

(二)判断题

1. 动力蓄电池包环境要求温度范围为 15~30℃,环境相对湿度范围最大为 80%。( )

2. 储存位置需保持清洁,不可有粉尘,尤其不可有金属屑等导电粉尘,以避免出现漏电等安全隐患。( )

3. 电池包卡板需水平放置,最多可超过叠放两层,不可在电池包卡板上堆放其他物品。( )

4. 电池包卡板必须垂直放置,卡板旁边需留下安全通道,以方便电池包体的微运和操作等。( )

5. 每次停车都必须关闭电源开关,拔出钥匙,将挡位开关扳至空挡位置,并将驻车制动拉起。( )

6. 经常给电动汽车充电,电量低(仪表上高压电池组电量显示 1 格位置)的情况下停放超过 3 天。( )

7. 车辆充电尽量浅充浅放,当电池电量接近 30% 时,请立刻充电,这样以提高电池的使用寿命。( )

8. 动力电源系统在使用 3 个月后,维护人员需要对动力电源系统的外观和绝缘进行维护。( )

9. 维护均应在温度为 15~30℃、相对湿度为 45%~75%、大气压为 86~106kPa 的环境中进行。( )

10. 对电源系统的外观做如下检查,如有故障应及时排除,如无法排除,只要不影响使用,无需理会。( )

11. 电动汽车动力电源系统在使用中发生异常情况,应立即断开电源,并及时与该车型授权的服务中心联系进行维修。( )

12. 动力电源系统在充放电过程中,如果出现异味或异常声响,请立即停止充电。( )

13. 打开电池包时不要使电池包上盖与电池接触,也不要损伤电池包。( )

14. 车辆无法从水中移开时,或没有足够的绝缘防护时,也可执行检查任一高压部件。( )

15.请勿触碰泄漏出的液体,远离发生泄漏的车辆或动力蓄电池。 (   )
16.电动汽车电池泄漏液体,可弃于水、土壤等环境。 (   )

(三) 简答题
1.动力蓄电池储存的注意事项有哪些?
2.动力蓄电池维护要准备的工具有哪些?
3.简述该如何对动力蓄电池进行外观维护?
4.动力蓄电池重点维护的内容有哪些?
5.动力蓄电池突然冒烟该如何处理?

项目三
动力蓄电池管理系统

动力蓄电池的充放电需要模块进行统一有效的管理,即电池管理系统。本项目包括以下2个任务:

任务9　动力蓄电池管理系统基本原理认知

任务10　动力蓄电池管理系统的应用

通过以上2个任务的学习,你能了解动力蓄电池管理系统的结构组成、工作原理(数据采集、热管理、均衡管理及通信等),同时会通过实例的学习加深对动力蓄电池管理系统的理解。

任务9　动力蓄电池管理系统基本原理认知

学习目标

❖ **知识目标**

1. 能说出动力蓄电池管理系统的定义；
2. 能说出动力蓄电池管理系统的必要性；
3. 能说出动力蓄电池管理系统的分类；
4. 能说出动力蓄电池管理系统组成；
5. 能说出动力蓄电池管理系统的工作原理；
6. 能说出动力蓄电池管理系统作用。

❖ **能力目标**

1. 能正确更换秦电池管理器；
2. 能正确更换e6电池管理器。

建议课时

8课时。

任务描述

电动汽车能行驶，除了动力蓄电池提供能量之外，还需要电池管理器对动力蓄电池进行管理，电池才能良好运行，你是否明白电池管理系统的类型、结构原理及作用？如有一辆车需要更换电池管理器，你是否能正确操作？

一、理论知识准备

(一) 电池管理系统

1. 动力蓄电池管理系统的定义

电池管理系统（BMS）并没有严格的定义，可以这样理解：电池管理系统是用来对动力蓄电池组进行安全监控和有效管理，保持动力电源系统正常应用并提高电池寿命的一种装置，俗称电池保姆或电池管家。它能监控电池的工作状态（电池的电压、电流和温度）、预测动力蓄电池的电池容量（SOC）和相应的剩余行驶里程，进行电池管理以避免出现过放电、过充电、过热和单体电池之间电压严重不平衡现象，最大限度地利用电池存储能力和循环寿命。

2. 动力蓄电池管理系统的必要性

(1) 动力蓄电池在使用中最怕的就是过充电和过放电。一旦过充电、过放电，电池就要损坏，容量降低，寿命减少。严重的情况下，还会发生爆裂和起火燃烧。

(2) 蓄电池在成组使用时，更容易发生过充电、过放电的现象，其根源都在于电池的一致性差异所引起来的。而这些差异,如果在充、放电过程中没得到应有的控制,将进一步加大,导致部分电池发生过充电、过放电现象,造成电池容量和寿命的急剧下降,最终引起事故的发生。这是蓄电池在使用中出现的难题。

(3)生产和使用过程中均会造成电池性能不一致,而不一致性会损害动力蓄电池的使用寿命。生产过程、使用过程造成的差异,生产工艺、材料的细微差,长时间使用时,材质老化,电压、容量、内阻不同步,差异逐渐变大,个别电池内部微短路,电池自放电电流、内阻电池组内不同区域温度变电压、内阻、电流承受能力不同。

3. 动力蓄电池管理系统的分类

电池管理系统按结构可分为分布式系统、集中式系集成式系统。

1)集中式电池管理系统

集中式结构中,中央控制单元、数据采集单元等形成整个电源系统的管理单元,对电源系统的基信息如电压、电流、温度进行采样,然后在 BMS 中央处理器内进行数据的处理、计算,判断和相应控制,如图9-1 所示。

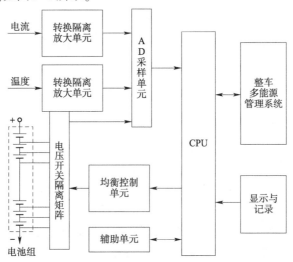

图9-1 集中式 BMS

集中式电池管理系统的优点是材料的成本低,可在电池管理系统之间无限制地通信,安全管理便利,简化了对不同电池参数的调整与改写,对参数的测量速度较快,可靠性高,可以灵活计算,根据不同的情况在中央处理器内修改软件,满足不同要求。缺点是需要解决串联蓄电池的电压测量中共地、隔离、测量精度等问题,技术难度大。对电池组进行信号采集,而不能检测到每个电池单体,精度差,对信号处理要求高。当电池包出现故障时只能替换整个电池组。适用于仅由一个电池包组成的车用动力电源系统。

2)分布式电池管理系统

在分布式系统中,数据采集是分散的,即每个电池包对应一个采集单元,这些单元与中心的 BMS 通过一根母线进行数据通信,充电控制、放电控制等单元也可能和中央处理单元分开,有的没有总的 BMS 控制板,直接通过总线传输到电动汽车中心控制器,如图9-2 所示。

这种结构的优点是减少了布线,便于电源系统的扩展,可以分散安装,通过总线进行连接与信息通信,采集的数据可以就近处理,精度高,使得有可能更好地计算电池的状态,利于建立标准化的电源管理系统。其缺点是成本比较高,灵活性差,修改麻烦,数据由串行总线传输,系统巡回检测的速度受限制,数据的实时性不高。BMS 是一个动力系统,采用分布式检测系统时,由于采样的下位板数目较多,造成电池包内的走线较多,不利于对系统的维护。在较大电池中,使用分散系统较经济。多适用于由多个电池包组成的电源系统,目前在电动汽车上大多采用分布式系统。

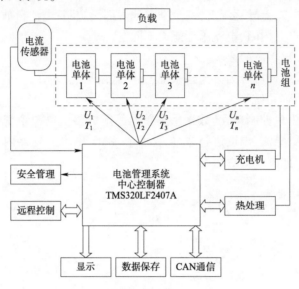

图 9-2 分布式 BMS

3)集成式电池管理系统

集成式是采用大量电池管理芯片进行集成设计。可完成对电池当前各种状态的监测,包括对当前电池的充/放电状态、电压、电流、温度、剩余电量、时间等参数的监测。芯片能够自动采集这些参数,并将其存放,再通过一根双向数据线与控制器通信。

此种电池管理系统结构简单,方便,所占空间小。但有些电池管理系统任务必须由多个设备来完成,特别是安全管理。正常情况下,设备之间很少或根本没有通信联系,所以要进行最优化运行是不可能的。另一个缺点是不便于整体控制。

(二)电池管理系统结构及工作原理

1. 动力蓄电池管理系统组成

电池管理系统(图 9-3)主要由:中央处理单元(又称主控模块或 ECU)、数据采集单元(采集模块 BMU)、均衡单元、显示单元、控制部件(继电器、熔断装置)及检测部件(漏电检测,电流传感器、温度传感器等)等几部分组成。

中央处理单元由主控板、高压控制回路等组成;数据采集单元由温度采集模块、电压采集模块等组成,大部分应用将均衡模块与检测模块设计在一起;显示单元由显示板、液晶屏、键盘及上位机等组成。一般采用 CAN 现场总线技术实现相互间的信息通信以及与整车多能源系统的信息通信。

2. 电池管理系统的工作原理

BMS 的主要工作原理可简单归纳为:数据采集电路采集电池状态信息数据后,由电子控制单元进行数据处理和分析,然后根据分析结果对系统内的相关功能模块发出控制指令,并向外界传递信息,对动力蓄电池的整体功能进行控制,使动力蓄电池维持最佳状态。

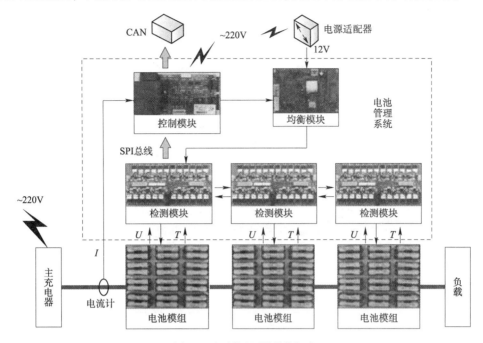

图 9-3　电池管理系统结构组成

(三) 动力蓄电池管理系统作用

动力蓄电池的作用可总结为,对动力蓄电池进行数据采集、电池状态计算、能量管理、安全管理、热管理、均衡控制等,提高电池使用效率,延长电池使用寿命,如图 9-4 所示。

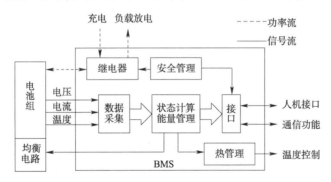

图 9-4　动力蓄电池功用

1. 数据采集

电池管理系统的所有算法均以采集的动力蓄电池数据作为输入,采样速率、精度和前置滤波特性是影响电池系统性能的重要指标。电动汽车电池管理系统的采样速率一般要求大于 20Hz(50ms)。

1) 电压采集方法

(1) 单体电池 ADC 方式。

如图 9-5 所示,为每一个动力蓄电池配置一个前端芯片,对电池的电压进行 A/D 转换,并把转换后的数据信息通过总线发送给主芯片。但此种方式为每个电池配置专用电路板可能导致成本过高,此外,采集过于分散难以保证数据的同步性。

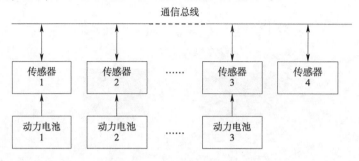

图 9-5　ADC 方式采集电压数据

(2)基于精密电阻分压方式。

单片机自带多路 A/D 端口可以同时对多个电池的电压进行采样。但 A/D 转换的电压范围常在 5V 以下,动力蓄电池通常多个串联使用,导致电池组的总电压大大超过 5V,在其测量电路上串联合适电阻进行分压就可对动力蓄电池包电压进行采集,如图 9-6 所示。

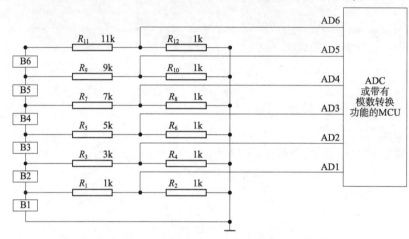

图 9-6　基于精密电阻分压方式的电压采集

此种方式成本较低,且同步性可靠,克服了 ADC 方式的缺点。但精度较低,而且由于分压回路阻值不一致,将会导致每个电池的电压采集精度不一致。同时,分压回路在不同程度上不断消耗动力蓄电池的电量,将在一定程度上导致电池个体的不均衡,因此,这种方案在实践中不太实用。

(3)序贯采集方式。

如图 9-7 所示,为每个电池分配 1 个继电器,分别连接到 A/D 模拟输入的两端,每个继电器的闭合由单片机进行控制,对多个电池进行电压采集,电池的电压值依次通过 ADC 转换为数字信号,再由单片机对数字信号进行处理。在实际应用中,继电器常采用光继电器。

此种电压采集方式既克服了 ADC 方式的缺点,成本更为合理,精度也不低。而且,由于在不进行电压采集时,继电器处于断开状态,因此也不会造成电池额外的消耗和不一致性。因而这种方案经常被电动汽车电池管理系统所采用。

(4)基于专用芯片的电压采集方式。

随着电动汽车的研究越来越受到重视,开发了面向电动汽车电池管理系统专用的芯片,这些芯片内部有一个 ADC 模块,因此,本质上其 A/D 转换仍然属于序贯处理方式。

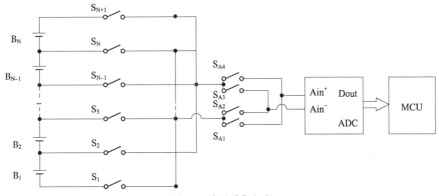

图 9-7　序贯采集方式

2)电流采集方法

常用的电流检测方式有分流器、互感器、霍尔元件电流传感器和光纤传感器等四种,其中,光纤传感器昂贵的价格影响了其在控制领域的应用;分流器成本低、频响应好,但使用麻烦,必须接入电流回路;互感器只能用于交流测量;霍尔传感器性能好,使用方便。目前在电动车辆动力蓄电池管理系统电流采集与检测方面应用较多的是分流器和霍尔传感器。

(1)分流器电流检测。

电压量是最直接的被测量,一般模数转换芯片多半是针对电压信号的,因此,在电流监测时,常需要把电流信号转换为电压信号,其中一种转换的方法就是在电动汽车的主回路上串联一个分流器,如图 9-8 所示。

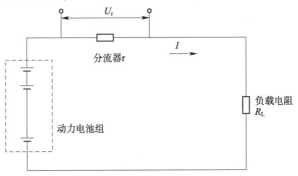

图 9-8　基于分流器的电流检测

(2)霍尔传感器电流检测。

霍尔电流传感器是利用霍尔效应来检测电流的一种电子元件,可测量各种类型的电流。图 9-9 所示为利用霍尔电流传感器进行电流检测原理图。

3)温度采集方法

电池温度不仅影响电池的性能,而且直接关系到电动汽车使用安全的问题,故准确采集温度参数显得尤为重要。采集温度并不难,关键是如何选择合适的温度传感器。目前使用较多的传感器有热电偶、热敏电阻、热敏晶体管、集成温度传感器等。

(1)热敏电阻采集法。

热敏电阻采集法的原理是利用热敏电阻的阻值随温度的变化而变化的特征,用一个定值电阻和热敏电阻串联起来构成一个分压器,从而把温度的高低转化为电压信号,再通过模数转化得到温度的数字信息。热敏电阻成本低,线性度不好,而且制造误差较大。

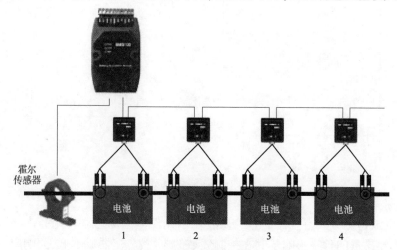

图9-9 霍尔传感器电流检测

(2)热电偶采集法。

热电偶的作用原理是双金属体在不同的温度下会产生不同的热电动势,通过采集这个电动势的值就可以通过查表得到温度的值。由于热电动势的值仅和材料有关,所以热电偶的准确度很高。但由于热电动势都是毫伏等级的信号,需要放大,外部电路较为复杂。一般金属的熔点较高,所以,热电偶一般用来高温的测量。

(3)集成温度传感器采集法。

这些集成的温度传感器很多都是基于热敏电阻式的,但都在生产过程中进行校正,精度可以媲美热敏电阻,而且直接输出数字量,很适合在数字系统中使用。

2.电池状态计算

电池状态计算主要包括SOC和电池组健康状态(SOH)两方面。SOC是提示动力蓄电池组剩余电量的参数,是计算和估计电动汽车续驶里程的基础。SOH是提示电池技术状态、预计可用寿命等健康状态的参数。

在电动汽车中,准确估算蓄电池SOC主要有保护蓄电池、提高整车性能、降低对动力蓄电池的要求以及提高经济性等作用。

SOC计算方法

(1)安培时间积分法。

安培时间积分法基本思想就是把不同电流下的放电电量等效成某个特定电流下的放电电量,在电动车行驶过程中,每隔一段时间采集一次放电电流,然后通过积分计算出电池已放出的电量。此种方法简单,稳定,精度相对较好,但电流测量的精度会影响计算结果。

(2)开路电压法。

开路电压法是最简单的SOC测量方法,主要根据电池组开路电压判断SOC的大小。由电池的工作特性可知,电池组的开路电压和电池的剩余容量存在着一定的对应关系。随着放电电池容量的增加,电池的开路电压降低。由此可以根据一定的充放电倍率时电池组的开路电压和 SOC 的对应关系曲线,通过测量电池组开路电压的大小,插值估算出电池 SOC 的值。

该方法简单易行,但由于不同充放电倍率时电池组的电压不一致,因此在电流波动比较大的场合,这种方式计算精度不高。另外,不同应用工况下电池组的内阻大小不一样,导致了同样充放电倍率下不同时期的电池组的电压不一致,使得该测量方式的测量精度降低,同时温度对电池组的放电平台影响也较大,因此,单靠电压来估算 SOC 的方法难满足实际需求。

(3)内阻法。

内阻法和开路电压法一样,是利用电池内阻和电池的电量存在一定的函数关系来判定电池的 SOC。对整个系统的交流内阻的测量不方便,很少应用于实际,通常用单个电池的交流内阻来表征,但以点代面的方法很容易产生较大误差。直流内阻表示电池对直流电的反抗能力,等于在同一很短时间段内电池电压变化量与电流变化量的比值。但直流内阻的大小受计算时间段的影响。如果时间短于 10ms,只有欧姆内阻能检测到,如果时间段长,内阻将变得复杂,准确测量电池单体内阻就比较困难。内阻法适用于放电后期电池的 SOC 估计,可与安时计量法结合使用。

(4)人工神经网络法。

神经网络处理方法就是用实际被优化系统的正常运行数据,或者通过试验适行的输入输出数据,在工作点附近建立起神经网络模型,在应用中将此神经网络模型作为一个"黑匣子"处理,通过神经网络模型特有的自学习功能,在学习中不断调整神经网络模型的权重和偏差值,使模型的误差达到最小值,不断提高模型的精度。其优点是通过采集车辆电池的状态数据、如电池的电压、放电电流、电池温度、电池的内阻等数据,就可以由神经网络模型计算,对电池的荷电量状态做出判断,并将此信号送给整车多能源管理系统。

3. 能量管理

能量管理主要包括以电流、电压、温度、SOC 和 SOH 为输入进行充电过程控制,以 SOC、SOH 和温度等参数为条件进行放电功率控制两个部分。

1)充电管理

电池的充电控制管理,是指电池管理系统在电池充电过程中对充电电压、充电电流等参数进行实时优化控制,优化的目标包括充电时长、充电效率以及充电的饱满程度等。

2)放电管理

电池的放电控制管理,是指在电池的放电过程中根据电池的状态对放电电流大小进行控制,这一项功能在以往某些系统中常被忽视,在这些简单的系统中,电池包被认为只需要提供电能,不产生安全问题即可。然而,在一个较为先进和完善的系统中,加入了放电控制管理的功能,可以使动力蓄电池组发挥更大的效能。例如,在动力蓄电池组剩余容量小于 10% 的状态下,如果能适当地限制电池组的最大放电电流大小,尽管会对汽车的最高速度产生影响,但有利于延长年辆的续航里程,更为重要的是,有利于延长动力蓄电池组的寿命。

另外,制动能量回收常常也是能量控制管理的重要内容之一。例如,在某些混合动力汽车中,需要通过充放电控制管理把电池的荷电状态维持在 60%~80%,以腾出足够的电荷容量空间来接收来自制动而回收的能量。这样做的另外一个考虑就是使电池工作在等效内阻较小的一个区间,从而使充放电的效率更高。

4. 安全管理

安全管理主要用于监视电池电压、电流、温度等是否超过正常范围,防止电池组过充、过放及过温。

安全管理系统功能:烟雾报警;绝缘检测;自动灭火;过电压和过电流控制;过放电控制;防止温度过高;在发生碰撞的情况下关闭电池等。

5. 热管理

主要用于电池工作温度超高时对电池进行冷却,低于适宜工作温度下限时对电池进行加热,使电池处于适宜的工作温度范围内,并在电池工作过程中保持电池单体间温度均衡。

热管理功能:电池温度的准确测量和监控;电池组温度过高时的有效散热和通风;低温条件下的快速加热;有害气体产生时的有效通风;保证电池组温度场的均匀分布。

1)动力蓄电池组的冷却方法

从控制性的角度,热管理系统可以分为主动式和被动式两类。从传热介质的角度,热管理系统又可以分为:空气冷却式热管理、液体冷却式热管理和相变蓄热式热管理。

早在20世纪70年代,就已有文献提出了铅酸动力蓄电池组的热管理问题。动力蓄电池组布置比较紧凑,如果没有合理的冷却措施,将导致电池组局部温度上升,电池组充放电性能下降,部分电池过充电或过放电,造成电池使用寿命缩短。电池组冷却的方法主要有空气冷却、液体冷却、相变材料冷却和热管冷却。

(1)空气冷却。

空气冷却是利用空气作为冷却介质对电池组进行冷却。空气冷却按照冷却系统所采用的结构不同,分为串行和并行两种冷却方式,如图9-10所示,;按照是否使用风扇,分为自然和强制两种冷却方式。

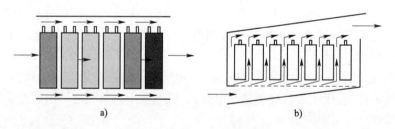

图9-10 串行和并行冷却方式

图9-10a)是串行式冷却,空气从电池包的一侧吹入,从另一侧吹出,容易造成电池包散热不均匀;图9-10b)是并行式冷却,空气从电池包底部吹入,从上部吹出,几乎相同的空气量流过各个电池模块的表面,能够使电池包散热均匀。在相同条件下,并行冷却比较均匀,电池包中最大值温度差为8 ℃,采用串行冷却时,虽然电池包的最低温度有所下降,但是电池包中温度差高达18 ℃。

(2)自然和强制冷却方式。

自然冷却即没有采用冷却风扇,此方式冷却效果比较差。强制冷却指采用冷却风扇进行冷却,大部分电动汽车都在使用这种冷却方式,丰田Prius和本田Insight都采用强制冷却。

(3)液体冷却。

虽然气体冷却比较简单,成本低,但是冷却效果有限,尤其在高温环境、高电流放电时,比较容易出现热失控,引发安全事故。与空气相比,液体具有高的热容量和导热系数,所以,在相同体积和流速下,液体的冷却效果要明显比空气好。虽然液体冷却效果要明显优于空气冷却,但是,采用液体冷却必须考虑密封、绝缘、电池包比能量降低以及成本等问题。

(4)相变材料冷却。

近年来在国外和国内出现采用相变材料(PCM)冷却的电池热管理系统展现出良好前景。利用 PCM 进行电池冷却原理是:当电池进行大电流放电时,PCM 吸收电池放出的热量,自身发生相变,而使电池温度迅速降低。此过程是系统把热量以相变热的形式储存在 PCM 中。在电池进行充电的时候,特别是在比较冷的天气环境下(亦即大气温度远低于相变温度 PCT),PCM 把热量排放到环境中去。

相变材料用于电池热管理系统中具有不需要运动部件、不需要耗费电池额外能量等优势。具有高的相变潜热和热导率的相变材料,用于电池组的热管理系统中可以有效吸收充放电过程中放出热量,降低电池温升,保证电池在正常温度下工作。可以使大电流循环前后电池性能保持稳定。通过在石蜡中添加热导率高的物质制成复合 PCM,有助于提高材料的综合性能。相变材料(PCM)以其无毒、不易燃、可储热、成本低以及应用方便等优点,已被广泛应用于电子设备的冷却系统,相变材料作为动力蓄电池的被动式冷却系统有其独特的优势:不需要冷却风扇、排气扇、冷凝器以及冷却路线设计。

(5)热管冷却。

热管冷却是 1942 年美国人 R. S. 高勒提出,1967 年热管首次在航天上使用,并取得成功,许多电子设备上开始采用热管进行冷却,热管冷却能够降低电池的最高温度,并且可以使电池的温度分布均匀,但实验也表明热管需配合散热片和风扇使用才能有比较好的冷却效果,同时应注意热管与电池必须有良好的接触,否则热管的冷却效果将大大下降。热管冷却在动力蓄电池上的应用目前还处于初步阶段,随着研究的进一步深入,此项技术将有可能应用到电动汽车上。

2)动力蓄电池组的加热方法

与电池组冷却相比,电池组加热没有引起足够的重视,随着电动汽车的逐步推广,电池组的加热问题是不可回避的。当电池处于比较低的温度下(-10℃ 以下),电池的工作电压和放电量都将大大下降,如图 9-11 所示,在低温放电时,电极的极化严重,电池内阻大大增加,电解液的活性物质不能得到充分利用,电池的电压下降快,放电效率低,当环境温度低至 -40℃ 时,电池所发出的功率已无法使电动汽车正常行驶。

(1)电池内部加热法。

用交流电直接对电池的电解液加热的方法,采用低频 60Hz 和高频 10 ~ 20kHz 交流电对铅酸电池和镍氢电池进行加热,实验表明两种加热方式只需要几分钟就可以将电池从 -40℃ 超低温加热到 20℃。低频 60Hz 交流电的实现比高频 10 ~ 20kHz 交流电要简单,但是装置的体积大、质量重,实现装车使用比较困难,同时,电池专家指出采用 60Hz 交流电加热,半个周期 8.33×10^{-3} s 的时间足够使电池产生大量电离,缩短电池的使用寿命,目前暂未发现使用高频

10~20kHz交流电会对电池产生类似损害。高频10~20kHz交流电需要车载发电机才能实现，因此电池自身无法提供加热所需的能量，所以高频交流电加热只适用于混合动力电动汽车，在纯电动汽车上无法使用。对内部加热和其他几种常用的外部加热法的加热效果进行仿真模拟，如图9-12所示，内部加热的效果明显优于外部加热。

图9-11 不同温度下以35A恒流放电曲线

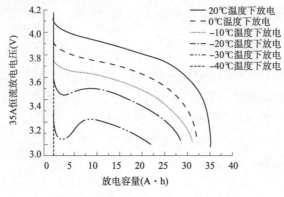

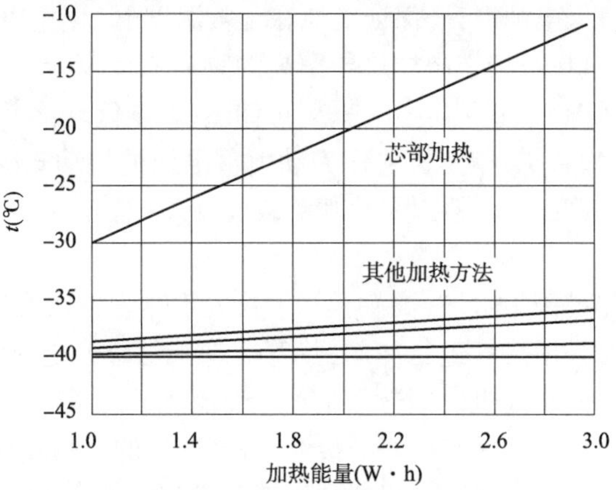

图9-12 各种加热方式比较

（2）电池外部加热法。

与内部加热法相比，外部加热比较安全、容易实现，但是能量损失大，加热时间长。现在主要采用加热板加热、加热套加热和珀耳贴效应热泵加热。

①加热板加热，加热板加热指在电池组顶部或底部添加电加热板，对电池加热时，将加热板通电，加热板的一部分热量通过热传导的方式直接传给电池，还有一部分通过周围被加热的空气以对流方式对电池进行加热。加热板所需的电能由电池组本身提供。

②加热套加热，加热套加热指每个电池单体加上一个加热套，加热套由电阻材料制成，这种加热方式可以使电池单体受热均匀，能量损失比较少，加热时间相对比较短，但是，在高温环境中，加热套会造成电池散热困难。奇瑞汽车公司对这种加热方式申请了专利。

③珀耳贴效应热泵加热，珀耳贴效应是指电流流过两种不同导体的界面时，从外界吸收热量，或向外界放出热量，通过改变电流的方向，可以实现加热和制冷两种功能，加热和制冷强度通过电流大小进行精确控制，如图9-13所示。该装置具有结构简单、温度控制精度高，

能耗低等优点。如果将珀耳贴效应应用在汽车上,不仅可以对电池加热和冷却,而且还可以替代汽车上的空调。此种效应已在欧洲装配到 SAM EVII 电动汽车上,热管理系统可以有效地对电池进行冷却和加热。

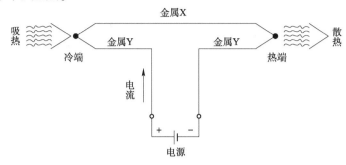

图 9-13　珀耳贴效应原理图

6. 均衡控制

由于电池的一致性差异导致电池组的工作状态由最差电池单体决定,就如同水桶能装的水由最短的一块木板决定一样,如图 9-14 所示。在电池组各个电池之间设置均衡电路,实施均衡控制是为了使各单体电池充放电的工作情况尽量一致,提高整体电池组的工作性能。

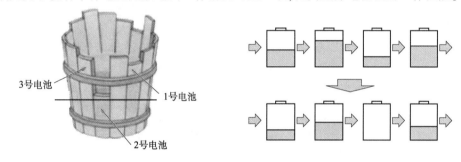

图 9-14　电池不一致导致容量下降

1) 电池不一致性产生的原因

(1) 在制造过程中,由于工艺问题和材质的不均匀,使电池极板厚度、微孔率、活性物质的活化程度等存在微小差别,这种电池内部结构和材质上的不完全一致性,就会使同一批次出厂的同一型号电池的容量、内阻和电压等参数值不可能完全一致。

(2) 在装车使用时,由于电池组中各个电池的温度、通风条件、自放电程度、电解液密度等差别的影响,在一定程度上增加了电池电压、内阻及容量等参数的不一致。

2) 均衡的类型

均衡控制有多种方法,按均衡电路的拓扑结构分可分为集中式均衡、分布式均衡;按照均衡的作用过程分可分为放电均衡、充电均衡及双向均衡三种;按是否对电池所带的电荷进行保护的角度来分可分为耗散型均衡和非耗散型均衡两种。

(1) 集中式均衡和分布式均衡。

集中式均衡是指整个动力蓄电池包共用一个均衡器,其拓扑结构如图 9-15 所示。而分布式均衡是指对每个电池设计一个均衡电路实现均衡,图 9-16 所示为一种典型的分布式均衡拓扑结构。

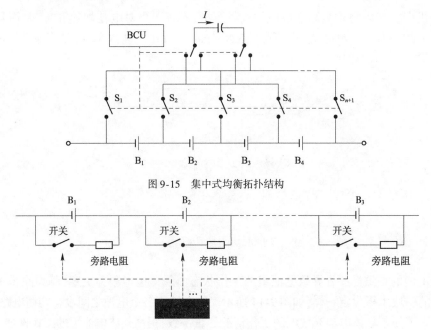

图9-15 集中式均衡拓扑结构

图9-16 分布式均衡拓扑结构

(2)充放电均衡及双向均衡。

充电过程中采用上对齐均衡充电方式实现各个单体电池间的均衡,以保证充电过程中能够将电池组中每个电池的容量都充至100%,如图9-17所示。

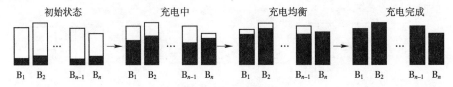

图9-17 充电均衡过程图

放电均衡方式是指在放电过程中实现各个单体电池间的均衡,以保证放电过程中能够将电池组中每个电池的剩余容量放至0,而不会出现有的电池已放电完全而有的电池尚有电量的情况,如图9-18所示。

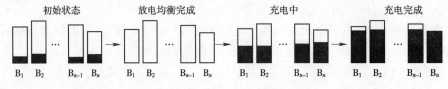

图9-18 放电均衡过程图

双向均衡方案则是综合了放电均衡方案和充电均衡方案两者的优点,在充电和放电过程中都引用均衡控制。既能保证每一个电池都能放电到SOC为0,又能保证每一个电池都充电到SOC为100%。

(3)耗散型均衡和非耗散型均衡。

耗散型均衡方案是指利用并联电阻的方式将电池组中荷电状态较多的电池的能量消耗掉,直到与车内其他电池达到均衡。该方法的实现过程为:定时检测电池组平均电压时,接通这些高能电池的并联电阻,使它们的一部分能量消耗在并联电阻上,直到它们的电压值等于电池组平均电压。耗散型均衡方案控制逻辑简单,硬件上容易实现,成本较低,是早期均衡控制最常用的方案。但是,这种方法就是以消耗电池组的部分能量为实施手段的。另外,电阻耗能的同时会发热,对于电动汽车而言,存在通风不好导致过热形成的安全隐患。

非耗散型均衡(也称作无损均衡)是指利用中间储能元件和一系列的开关元件将电池组中荷电状态较高的电池的能量转移到荷电状态较低的电池中去,以达到均衡目的的方案。无损均衡方案用到的中间储能元件一般有电容和电感两种。无损均衡正好可以弥补耗散型均衡的缺点,但它也存在着控制逻辑电路复杂等方面的缺点。

二、任务实施

1. 准备工作

(1)防护工具:绝缘防护工具。

(2)设备:绝缘工具、BYDe6、BYD秦、绝缘工具箱。

2. 技术要求与注意事项

(1)遵守实训室规定。

(2)拆装过程中注意设备的保护,特别是接插件,不允许强拆。

(3)装上电池管理器后一定要检查车辆是否运行正常。

(4)实操结束做好场地5S。

3. 操作步骤

1)秦电池管理器的更换

(1)将车辆退电至OFF挡,拆下后排座椅(方法参照任务五实操)。

(2)断开维修开关,等待5min。维修开关位置如图9-19所示。

(3)打开行李舱,行李舱开关位置如图9-20所示。

图9-19 维修开关位置

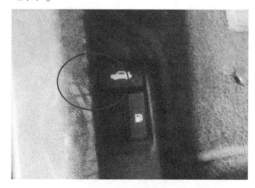

图9-20 行李舱开关位置

(4)拆掉行李舱内饰护面,如图9-21所示。

(5)拔掉电池管理控制器上连接的动力蓄电池采样线和整车低压线束的接插件,拔掉整车低压线束在电池管理控制器支架上的固定卡扣,如图9-22所示。

(6)用10号套筒拆卸电池管理控制器的3个固定螺母,如图9-23所示。

(7)更换电池管理器,插上动力蓄电池采样线和整车低压线束的接插件,插上维修开关

图 9-21　行李舱护板

图 9-22　电池管理器接插件位置

图 9-23　固定螺母位置

手柄,确认。

(8)断开维修开关,用 10 号套筒拧紧电池管理控制器的 3 个固定螺母。

(9)插上维修开关手柄,安装好行李舱内饰护面和后排座椅,结束。

2)e6 电池管理器更换

(1)将车辆退电至 OFF 挡。

(2)打开行李舱,取出物品,如图 9-24 所示。露出电池管理器,电池管理器位置如图 9-25 所示。

图 9-24　取出行李舱物品

图 9-25　电池管理器位置

（3）拔掉电池管理控制器上连接的动力蓄电池采样线和整车低压线束的接插件，拔掉整车低压线束在电池管理控制器支架上的固定卡扣，如图9-26所示。

（4）用10号套筒拆卸电池管理控制器的3个固定螺母，螺母位置如图9-27所示。

图9-26　接插件位置　　　　　　　　图9-27　固定螺母位置

（5）更换电池管理器，插上动力蓄电池采样线和整车低压线束的接插件，确定无问题。

（6）用10号套筒拧紧电池管理控制器的3个固定螺母。

（7）整车上电再次确认问题是否解决，解决结束。

三、技能考核标准

技能考核标准见表9-1。

技能考核标准　　　　　　　　　　　　　　表9-1

序号	项目	操作内容	规定分	评分标准	得分
1	秦电池管理器更换	（1）退电至off挡； （2）拆下后排座椅； （3）断开维修开关； （4）打开行李舱； （5）拆掉行李舱内饰护面； （6）拔掉电池采样线和整车低压线束的接插件； （7）拆卸电池管理控制器的3个固定螺母； （8）更换电池管理器，插上动力蓄电池采样线和整车低压线束的接插件； （9）断开维修开关，拧紧电池管理控制器的3个固定螺母； （10）插上维修开关手柄，安装好行李舱内饰护面和后排座椅，结束	50分	（1）正确退电至off挡得5分； （2）正确拆下后排座椅得5分； （3）正确断开维修开关得5分； （4）正确打开行李舱得5分； （5）正确拆掉行李舱内饰护面得5分； （6）正确拔掉电池采样线和整车低压线束的接插件得5分； （7）正确拆卸电池管理控制器的3个固定螺母得5分； （8）正确.更换电池管理器，插上动力蓄电池采样线和整车低压线束的接插件得5分； （9）正确拧紧电池管理控制器的3个固定螺母得5分； （10）正确安装拆卸部件得5分	
2	e6电池管理器更换	（1）退电至off挡； （2）拆下后排座椅； （3）断开维修开关；	50分	（1）正确退电至off挡得5分； （2）正确拆下后排座椅得5分； （3）正确断开维修开关得5分；	

续上表

序号	项　目	操作内容	规定分	评分标准	得分
2	e6电池管理器更换	(4)打开行李舱； (5)拆掉行李舱内饰护面； (6)拔掉电池采样线和整车低压线束的接插件； (7)拆卸电池管理控制器的3个固定螺母； (8)更换电池管理器，插上动力蓄电池采样线和整车低压线束的接插件； (9)断开维修开关，拧紧电池管理控制器的3个固定螺母； (10)插上维修开关手柄，安装好行李舱内饰护面和后排座椅，结束	50分	(4)正确打开行李舱得5分； (5)正确拆掉行李舱内饰护面得5分； (6)正确拔掉电池采样线和整车低压线束的接插件得5分； (7)正确拆卸电池管理控制器的3个固定螺母得5分； (8)正确更换电池管理器，插上动力蓄电池采样线和整车低压线束的接插件得5分； (9)正确拧紧电池管理控制器的3个固定螺母得5分； (10)正确安装拆卸部件得5分	
	总分		100分		

四、思考与练习

（一）填空题

1.电池管理系统是用来对动力蓄电池组进行_____和_____，保持动力电源系统_____并_____的一种装置，俗称电池保姆或电池管家。

2.动力蓄电池一旦_____、_____，电池就要损坏，容量降低，寿命减少。严重的情况下，还会发生_____和_____。其根源都在于电池的_____所引起来的。

3.电池管理系统按结构可分为_____、_____及_____。

4.集中式结构中，_____、_____形成整个电源系统的管理单元。

5.在分布式系统中，数据采集是分散的，即每个电池包对应一个_____，这些单元与中心的 BMS 通过一根母线进行数据通信，充电控制、放电控制等单元也可能和_____分开，有的没有总的_____控制板，直接通过总线传输到电动汽车中心控制器。

6.分布式系统优点是_____，便于电源系统的扩展，可以分散安装，通过总线进行连接与信息通信，采集的数据可以_____，_____，使得有可能更好地计算电池的状态，利于建立标准化的电源管理系统。

7.电池管理系统主要由_____、_____、_____、及_____等几部分组成。

8.动力蓄电池的作用可总结为，对动力蓄电池进行_____、_____、_____、_____等，提高电池使用效率，延长电池使用寿命。

9.电压采集方法有_____、_____及_____。

10.电流采集方法有_____和_____两种。

（二）判断题

1.更容易发生过充电、过放电的现象，其根源都在于电池的一致性差异所引起来的。
　　　　　　　　　　　　　　　　　　　　　　　　　　　　　　　　（　　）

2.分布式电池管理系统的优点是材料的成本低，可在电池管理系统之间无限制地通信,安全管理便利。   (   )
3. 在集中式系统中,数据采集是分散的,即每个电池包对应一个采集单元。 (   )
4. 电池管理系统一般采用 LIN 现场总线技术实现相互间的信息通信以及与整车多能源系统的信息通信。   (   )
5. 电池管理系统数据采样速率、精度和前置滤波特性是影响电池系统性能的重要指标。
                                                              (   )
6. 目前使用较多的传感器有热电偶、热敏电阻、热敏晶体管、集成温度传感器等。
                                                              (   )
7. 电池状态计算主要包括 SOC 和电池组健康状态(SOH)两方面。   (   )
8. 量管理主要包括以电流、电压、温度、SOC 和 SOH 为输入进行充电过程控制,以 SOC、SOH 和温度等参数为条件进行放电功率控制两个部分。   (   )
9. 温度管理主要用于电池工作温度超高时对电池进行冷却。   (   )
10. 与内部加热法相比,外部加热比较安全、容易实现,但是能量损失大,加热时间长。
                                                              (   )
11. 均衡控制有多种方法,按使用过程分可分为集中式均衡、分布式均衡。 (   )
12. 耗散型均衡方案是指利用并联电阻的方式将电池组中荷电状态较多的电池的能量消耗掉,直到与车内其他电池达到均衡。   (   )

(三) 简答题
1. 电池温度采集方法有哪些?
2. 简述动力蓄电池管理系统的作用。
3. SOC 计算方法有哪些?
4. 导致动力蓄电池不均衡的因数有哪些?
5. 动力蓄电池的均衡方法有哪些?

任务 10 动力蓄电池管理系统的应用

学习目标

❖ 知识目标
1. 能说出充电操作目的;
2. 能简单介绍常用充电装置;
3. 能说出充电操作步骤;
4. 能说出充电注意事项。

❖ 能力目标
1. 能正确识别充电装置;
2. 能对实车进行充电。

> **建议课时**
>
> 8 课时。
>
> **任务描述**
>
> BYD 秦及 e6 是常见的新能源汽车,你是否明白其电池管理系统的结构组成及工作原理,你是否会正确读取其数据流?

一、理论知识准备

(一)BYDE 秦电池管理系统

秦电池管理系统框图如图 10-1 所示,电池管理系统通过检测漏电、碰撞、电池电压、电流、温度、互锁及从车载传输过来的信号,通过控制模组内部的接触器及高压配电箱内的接触器的通断,从而实现对动力蓄电池包的管理控制。

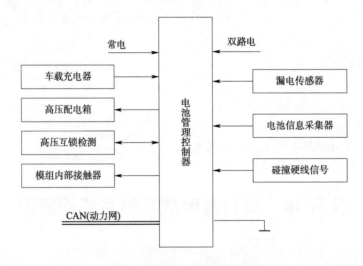

图 10-1 秦动力蓄电池管理系统框图

1. 构成及安装位置

秦电池管理系统为分布式电池管理系统,由一个电池管理控制器(BMC)和 10 个电池信息采集器(BIC)及 1 套动力蓄电池采样线组成。如图 10-2、图 10-3 所示,10 个 BIC 分别位于 10 个动力蓄电池模组前端,BMC 位于行李舱车身右 C 柱内板后段。

2. BMC

BMC 的主要作用是电压电流检测、充放电管理、接触器控制、电池异常状态报警和保护、SOC 计算、自检及通信等,是秦电池管理系统中的中央控制单元。图 10-4 所示为秦 BMC。

1)BMC 接插件引脚顺序及定义

秦 BMC 上有 3 个接插件插孔,每个接插孔上的引脚顺序如图 10-5 所示。

项目三 动力蓄电池管理系统

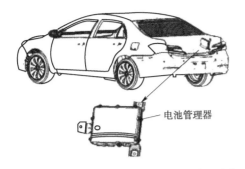

图 10-2 BYD 秦电池管理器安装位置

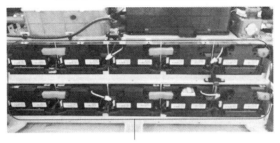

图 10-3 BIC 安装位置

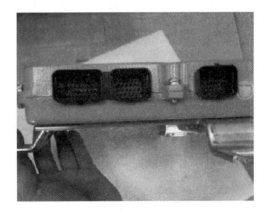

图 10-4 BYD 秦 BMC

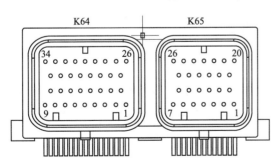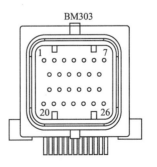

图 10-5 秦 BMC 接插件引脚顺序

2）BMC 接插件定义

BMC 接插件定义见表 10-1 所示。

BMC 接插件定义 表 10-1

连接端子	端子描述	线 色	条 件	正 常 值
K64 - 1—GND	维修开关输出信号	Y/G	ON 挡/OK 挡/充电	PWM 脉冲信号
K64 - 6—GND	整车低压地	B	始终	<1V
K64 - 9—GND	主接触器	L	整车上高压电	<1V
K64 - 14—GND	12V 起动电池正	G/R	ON 挡/OK 挡/充电	9 ~ 16 V
K64 - 17—GND	预充接触器	L/W	预充过程中	<1V
K64 - 26—GND	电流霍尔输出信号	R/B	电源 ON 挡	0 ~ 4.2V
K64 - 27—GND	电流霍尔电源正	R/W	ON 挡/OK 挡/充电	9 ~ 16V
K64 - 29—GND	电流霍尔电源负	R	ON 挡/OK 挡/充电	-16 ~ -9V
K64 - 30—GND	整车低压地	B	始终	<1V
K64 - 31—GND	仪表充电指示灯信号		车载充电时	
K64 - 33—GND	交流充电接触器	G	上 ON 挡电后 2 秒	<1V
K64 - 34—GND	负极接触器	L/Y	始终	<1V
K65 - 1—GND	双路电	R/L	电源 ON 挡/充电	11 ~ 14V
K65 - 7—GND	高压互锁 1 输入信号	W/R	ON 挡/OK 挡/充电	PWM 脉冲信号
K65 - 9—GND	整车 CANH	P	ON 挡/OK 挡/充电	2.5 ~ 3.5V
K65 - 18—GND	慢充感应信号	L	车载充电时	<1V
K65 - 21—GND	整车 CAN 地	B	始终	<1V
K65 - 22—GND	整车 CANL	V	ON 挡/OK 挡/充电	1.5 ~ 2.5V
K65 - 24—GND	高压互锁 2 输入信号		ON 挡/OK 挡/充电	PWM 脉冲信号
K65 - 25—GND	碰撞信号	L	起动	约 -15V
K65 - 26—GND	车载充电指示灯信号		车载充电时	
BMC03 - 1—GND	采集器 CANL	Y	ON 挡/OK 挡/充电	1.5 ~ 2.5V
BMC03 - 2—GND	采集器 CAN 地	B	始终	<1V
BMC03 - 3—GND	模组接触器 1 控制	R/L	模组继电器吸合时	<1V
BMC03 - 7—GND	BIC 供电电源正	R	ON 挡/OK 挡/充电	9 ~ 16V
BMC03 - 8—GND	采集器 CANH	W	ON 挡/OK 挡/充电	2.5 ~ 3.5V
BMC03 - 13—GND	GND	B	始终	<1V
BMC03 - 14—GND	模组接触器 1 电源	L/B	ON 挡/OK 挡/充电	9 ~ 16V

3. BIC

BIC 的作用是电压采集、电流采集、电池均衡、采样线异常检测等，作为秦电池管理系统的信息采集单元，图 10-6 所示为秦 BIC。

4. 电池采样线束

动力蓄电池采样线束的主要功能是连接电池管理控制器和电池星系采集器，实现二者之间的通信及信息交换。图 10-7 所示为电池包采样线束。

5. BMC 检测的主要数据

1）动力蓄电池电压数据

秦电池管理系统对电压的检测及自我保护见表 10-2。

项目三　动力蓄电池管理系统

图 10-6　BYD 秦 BIC

——动力电池采样线

图 10-7　动力蓄电池采样线束

秦电池电压检测　　　　　　　　　　　　　　　　　　　　　　　表 10-2

序号	名称	电池工作状态	警报	触发条件	措施
1	动力蓄电池电压	放电状态	单节电池电压过低严重报警	$U \leq 2.5$	(1)大功率设备(主电机、空调压缩机和 PTC)停止放电; (2)延迟 10s 切断主接触器,断开负极接触器; (3)仪表灯亮; (4)仪表显示报警信息
2		放电状态	单节电池电压过低一般报警	$2.5 < U < 2.75$	(1)大功率设备(电极、空调压缩机和 PTC)降低当前电流,限功率工作; (2)仪表显示报警信息; (3)电压为 2.5V 时,SOC 修正为 0
3		充电状态	单节电池电压过高一般报警	$3.8 \leq U \leq 3.9$	(1)禁止动力蓄电池进行充电; (2)仪表显示报警信息; (3)电压为 3.75V 时,SOC 修正为 100; (4)电机禁止能量回馈
4		充电状态	单节电池电压过高严重报警	$U \geq 3.9$	(1)延迟 10s 切断主接触器,断开负极接触器,禁止充电; (2)仪表灯亮; (3)仪表显示报警信息

2) 动力蓄电池电流数据

秦电池管理系统对电流的检测及自我保护见表10-3。

秦电池电流检测 表10-3

序号	名称	电池工作状态	触发条件	措施
1	动力蓄电池电流	电池放电电流	$I \geq 360A$	(1) 大功率设备(主电机、空调压缩机和PTC)降低电流,限功率工作; (2) 如果过电流报警放出后,电流依然在过电流状态并持续10s切断主接触器,禁止放电
2		电池充电电流	$I \leq -100A$(负号表示充电)	电流在过电流状态并持续10s断开充电接触器,禁止放电
3		回馈充电电流	$I \leq -100A$(负号表示充电)	(1) 要求电极控制器限制回馈充电电流; (2) 如果过电流报警放出后,电流依然在过电流状态并持续10s切断主接触器

3) 动力蓄电池温度数据

秦电池管理系统对温度的检测及自我保护见表10-4。

秦电池温度检测 表10-4

序号	名称	电池工作状态	警报	触发条件	措施
1	动力蓄电池温度	充放电状态下	电池组过热严重报警	$T_{max} \geq 70℃$	(1) 充电设备关断充电,直到清除报警; (2) 大功率设备(驱动电机、空调压缩机和PTC)停止用电; (3) 延迟10s切断主接触器、负极接触器; (4) 仪表灯亮; (5) 仪表显示报警信息
2			电池组过热一般报警	$65℃ \leq T_{max} \leq 70℃$	(1) 充电设备降低当前充电电流; (2) 大功率设备(驱动电机、空调压缩机和PTC)降低当前电流; (3) 仪表显示报警信息
3		充放电状态下	电池组低温一般报警	$-20℃ \leq T_{min} \leq -10℃$	(1) 限功率充电; (2) 仪表显示报警信息
4			电池组严重低温报警	$T_{min} \leq -20℃$	(1) 限功率充电; (2) 仪表显示报警信息

4)碰撞、漏电数据

秦电池管理系统对碰撞、漏电的检测及自我保护见表 10-5。

秦电池碰撞漏电检测 表 10-5

序 号	名 称	电池工作状态	警 报	触发条件	措 施
1	碰撞保护	充、放电状态下	碰撞故障	接收碰撞信号	立即断开主接触器、分压接触器
2	动力蓄电池漏电	充放电状态下	正常	$R>500\Omega/V$	
3		充放电状态下	一般漏电报警	$100\Omega/V<R\leq500\Omega/V$	仪表灯亮,报动力系统故障
4		充放电状态下	严重漏电报警		(1)行车中,仪表灯亮,立即断开主接触器、分压接触器; (2)停车中: ①禁止上电; ②仪表灯亮,报动力了系统故障。 (3)充电中: ①断开充电接触器、分压接触器; ②仪表灯亮,报动力系统故障

(二)低压铁电池及管理系统

1. 安装位置

秦低压铁电池安装位置如图 10-8 所示。

图 10-8　秦铁电池管理器位置

2. 功能

(1)对于电气系统来说,未进入过放保护或者超低功耗情况下,铁电池都是电气设备的常电供给电源。

(2)当需要起动机工作时,铁电池电压会被拖低,为避免影响到整车供电电压正常,需要临时切断 DC-DC 给铁电池充电回路;此时 DC-DC 单供整车用电设备用电,而铁电池则单独供起动机用电,两放电回路互不影响;最后发动机起动工作后重新接通充电回路,回到最初状态。

(3)当发电机和 DC-DC 输出不足时,由铁电池辅助向用电设备供电。

(4)铁电池还可以吸收电路中的瞬时过电压,保持汽车电气系统电压的稳定,保护电子元件。

(5)铁电池有电压、电流和温度监测功能,存在异常状态会触发故障报警功能,当铁电池故障报警时,仪表上故障指示灯点亮(常亮),同时显示"请检查低压电池系统"。

(6)满足智能充电整车条件,当铁电池电量偏低时,控制智能充电继电器吸合并同时发出智能充电请求给动力蓄电池 BMS,动力蓄电池 BMS 监测条件满足智能充电允许后,控制高压配电箱主吸合器工作并通过 DC-DC 放电给铁电池充电,起动铁电池 BMS 监测进行智能充电模式后发送状态报文给仪表做相应提醒,满足退出条件时起动铁电池将做相应控制策略退出此模式;其中若动力蓄电池 BMS 监测不允许放电,则起动铁电池 BMS 将智能起动发动机命令发送给 BCM 和驱动电机控制器,整车满足相应条件后 BCM 工作进行配电,驱动电机控制器将命令 ECM 起动发动机,发电机工作后计时给起动铁电池充电;驱动电机收到起动铁电池 BMS 智能充电命令,将在发动机带动下给动力蓄电池进行补充电量,接收到动力蓄电池电量满足要求时结束此智能充电过程。

3. 低压 BMS 接插件端子顺序及定义

低压 BMS 接插件端子顺序及定义如图 10-9 所示。低压 BMS 接插件端子定义见表 10-6。

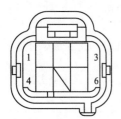

图 10-9 秦电压 BMS

低压 BMS 端子定义　　　表 10-6

端子号	线色	端子描述	条件	正常值
K68-1—车身地	P	CAN_H	始终	2.5~3.5V
K68-2—车身地	V	CAN_L	始终	1.5~2.5V
K68-3—车身地	B	地	始终	<1Ω
K68-4—车身地	G/W	低功耗唤醒机械开关	—	—
K68-5—车身地	R/Y	ON 挡电	ON 挡	11-14V
K68-6—车身地	L	OFF 挡充电控制端(输出低电平控制继电器)	—	—

4. 低压 BMS 的检查

(1)拔下电池管理器 K68 连接器。

(2)测量线束端连接器各端子间电压或电阻。

(三)BYDe6 电池管理系统

E6 电池管理系统框图如图 10-10 所示,电池管理系统通过检测漏电、碰撞、电池电压、电流、温度、互锁及从车载传输过来的信号,通过控制模组内部的接触器及高压配电箱内的接触器的通断,从而实现对动力蓄电池包的管理控制。

e6 电池管理系统有集中式和分布式。采用 VTOG 结构的 e6 采用分布式。

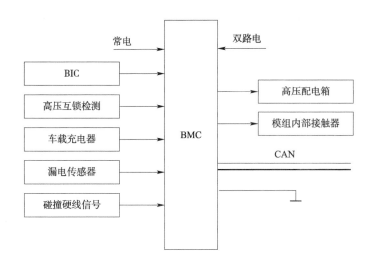

图 10-10　E6 电池管理系统总成

1) e6 集中式电池管理系统

e6 集中式电池管理系统安装位置如图 10-11 所示，e6 电池管理系统位于后行李舱备胎下。而分布式电池管理器安装位置如图 10-12 所示，在行李舱左侧，安装位置的改变主要是为了防止行李舱进水，影响电池管理器的正常使用。

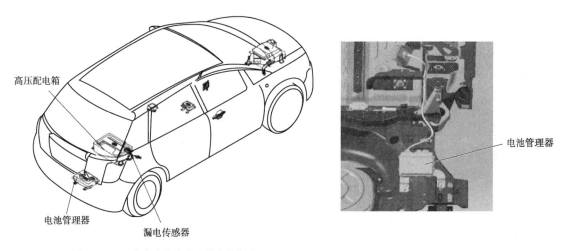

图 10-11　e6 集中式电池管理器安装位置　　　　图 10-12　e6 分布式电池管理器安装位置

2) 采样线及针脚

(1) e6 集中式插接件，e6 集中式电池管理器上有 3 个低压插接件，分别是电压采样线、温度采样线及与整车通信接口。如图 10-13 所示。

(2) e6 终端诊断口及端子定义，e6 终端诊断口外观如图 10-14 所示，端子定义见表 10-7。

图 10-13　E6 两种电池管理器结构图

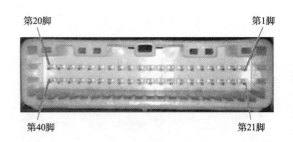

图 10-14　e6 终端诊断口

e6 终端诊断口及端子定义　　　　　表 10-7

连接端子	端子描述	线　色	条　件	正　常　值
1 – 车身地	充电接触器控制	G/B	充电	<1V
2 – 车身地	预充接触器控制	Y/B	起动	<1V
5 – 车身地	车身地	B	始终	<1V
6 – 车身地	电源信号	R/B	常电	11 ~ 14V
7 – 车身地	车身地	B	始终	<1V
10 – 车身地	充电感应开关	L	充电	<1V
12 – 车身地	漏电传感器电源	W	起动	<1V
13 – 车身地	一般漏电信号	G/Y	一般漏电	<1V
14 – 车身地	屏蔽地	B	始终	<1V
15 – 车身地	充电通信 CAN – L	V	充电	1.5 ~ 2.5V
16 – 车身地	充电通信 CAN – H	P	充电	2.5 ~ 3.5V
17 – 车身地	F – CAN_L	V	电源 ON 挡	1.5 ~ 2.5V
18 – 车身地	F – CAN_H	P	电源 ON 挡	2.5 ~ 3.5V
20 – 车身地	电流霍尔信号	G	电流信号	—
21 – 车身地	正极接触器控制	R/Y	起动	<1V
22 – 车身地	DC 继电器	L	充电或起动	<1V
25 – 车身地	预充信号	G/R	上 ON 挡电后 2s	<1V
26 – 车身地	车身地	B	始终	<1V
27 – 车身地	电源	W/R	电源 ON 挡/充电	<1V
28 – 车身地	车身地	B	始终	<1V
31 – 车身地	漏电传感器电源	R	起动	约 +15V
32 – 车身地	漏电传感器地	B	始终	<15V
33 – 车身地	严重漏电信号	B/Y	严重漏电	<1V
37 – 车身地	屏蔽地	B	始终	<1V
38 – 车身地	电流霍尔电源	L	起动	约 –15V
39 – 车身地	电流霍尔电源	R	起动	约 +15V

3)电池管理系统的故障诊断及安全保护

电池管理系统的故障诊断见表10-8。

电池管理系统的故障诊断　　　　　　　　　　　表10-8

故 障 状 态	电池管理系统故障诊断状态
模块温度>65℃	1级故障:一般高温告警
模块(单体)电压>3.85V	1级故障:一般高压告警
模块(单体)电压<2.6V	1级故障:一般低压告警
充电电流>300A	1级故障:充电过电流告警
放电电流>450A	1级故障:放电过电流告警
绝缘电阻<设定值	1级故障:一般漏电告警
模块温度>70℃	2级故障:严重高温告警
模块(单体)电压>4.1V	2级故障:严重高压告警
模块(单体)电压<2.0V	2级故障:严重低压告警
绝缘电阻≤设定值	2级故障:严重满电告警

电池管理系统能在运行过程中实现安全保护,具体见表10-9。

电池管理系统的安全保护　　　　　　　　　　　表10-9

故 障 类 别	整车系统级别的故障响应和处理	电池管理系统硬件响应
1级故障	电池管理系统发出告警后,整车的其他控制器模块可以根据具体故障内容启动相应的故障处理机制	无
2级故障:温度高		关断直流动力回路
2级故障:电压高		关断直流动力回路
2级故障:电压低		关断直流动力回路
2级故障:严重漏电		不允许放电

4)分布式电池管理系统比集中式电池管理系统具有的优势

(1)结构更加优化,原来电压、温度采样线现在已被代替。

(2)布置更加合理,上机位的体积减小,有利于整车空间的充分利用,便于布置。

(3)性能更加完善,增加下机位采集器后,能够更加精确地控制电池的电压,通过均充均放保证单体的一致性,提高电池性能。

(4)整车更加安全,在电池内部增加继电器和熔断器,不仅保证电池包本身的安全,同时也为整车提供了安全保障。

(5)电压采样线和温度采样线走线比较方便,固定比较容易。

(6)分布式电池管理器的防水等级更高(IP67),且安装的位置比较高,更加可靠。

(7)安全性更好,集中式的电压采样线充电池包直接引出到电池管理理器,线束破损或者接插件进水则容易产生安全隐患,还容易使电池管理器短路而烧毁。

(四)电池常见故障及分析

1.电压异常

电压异常常见现象为单节电压偏高或偏低。如采样电压最低为0V,最高为4.99V。解决方法如下。

(1) 重新插拔采样接插件,排除接触不良问题。

(2) 使用采样转接板,测试偏高或偏低电池实际电压值。

(3) 若实际电压值与 BMS 采集一致,则判断为电池问题;若不一致,则为 BMS 采样异常,需更换 BMS。

2. 温度异常

常见现象为单节电池温度偏高或偏低。如采样温度最低为 -40℃,最高为 110℃,解决方法如下。

(1) 使用采样转接板,测试偏高或偏低电池温度传感器阻值。

(2) 若该节电池温度传感器阻值与其余温度传感器阻值相差较大,为电池温度异常或温度传感器异常;否则为 BMS 采样异常。

3. 电流异常

常见现象为车辆静止,仪表出现负功率采样电流为 -500A 或 +500A,解决方法如下。

(1) 测试 BMS 给电流霍尔的供电电源 ±15V 是否正常。

(2) 测试电流霍尔给 BMS 的电流信号对地电压是否正常。

4. OK 灯不亮

OK 灯不亮解决方法如下。

(1) 查看预充状态,若预充失败,可能预充接触器没有吸合(可通过是否有接触器响声来判断)。

(2) 电压、温度是否有异常,如有,按电压及温度异常处理。

5. 无法充电

常见现象为充电柜显示"通信超时"或充电柜显示"预充失败";可能原因如下。

(1) BMS 没有得到 12V 电,未工作。

(2) 电压、温度异常或漏电,导致 BMS 没有吸合充电接触器。

(3) CAN 通信异常。

6. SOC 跳变

SOC 跳变可能原因如下。

(1) 采样电压异常。

(2) 用户长时间未充满电,SOC 累计误差导致。

二、任务实施

1. 准备工作

(1) 防护工具:绝缘防护工具。

(2) 设备:绝缘工具、BYD 秦、绝缘工具箱、ED400。

2. 技术要求与注意事项

(1) 遵守实训室规定。

(2) 实操过程注意自身安全防护。

(3) 实操结束做好场地 5S。

3. 操作步骤

1）秦电池管理器安装位置查找

(1)打开秦行李舱。

(2)找到电池安装位置。

(3)辨认电池管理其上各个插接口,拿便利贴写出各插接口的定义并贴在相应位置。

2）电池管理系统数据流读取

(1)将 ED400 连接到车上。

(2)打开 ED400 开关,选择车型进入主页,如图 10-15 所示。

图 10-15　ED400 主页

(3)进入电池管理系统,点击数据流读取电池管理系统数据,如图 10-16 所示。

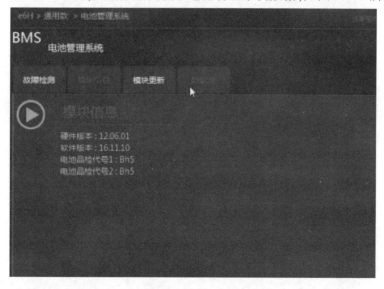

图 10-16　BMS 主页

(4)读取动力蓄电池总电压、SOC 值及电池组最高总温度,如图 10-17 所示。

(5)读取单节电池最高电压、最低电压、最高温度及最低温度,并记录电池号数,如图 10-18所示。

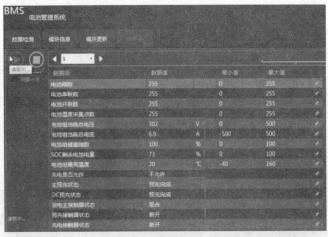

图 10-17 最高电压页面

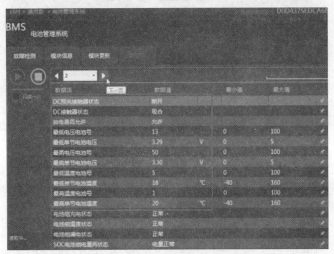

图 10-18 单节电池最高电压读取

(6)读取 BMS12V 电源电压,如图 10-19 所示。

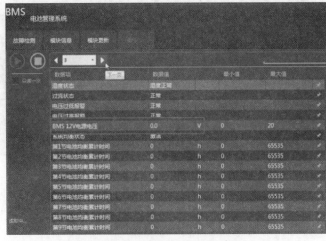

图 10-19 BMS12V 电源电压读取

(7)读取各电池组状态是否正常,如图 10-20 所示。

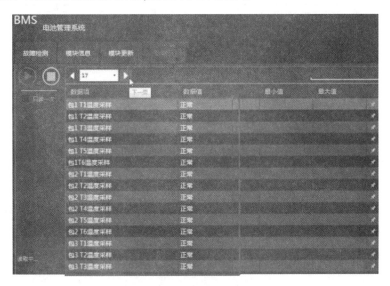

图 10-20　电池组状态读取

(8)整理工具。

三、技能考核标准

技能考核标准见表 10-10。

技　能　考　核　标　准　　　　　　　　　　表 10-10

序号	项　　目	操 作 内 容	规定分	评 分 标 准	得分
1	秦电池管理器安装位置查找	(1)打开秦行李舱； (2)找到电池安装位置； (3)辨认电池管理其上各个插接口,拿便利贴写出各插接口的定义并贴在相应位置； (4)关闭行李舱及做好 5S 管理	35 分	(1)正确打开秦行李舱得 5 分； (2)找到电池安装位置得 5 分； (3)正确辨认电池管理其上各个插接口,拿便利贴写出各插接口的定义并贴在相应位置；(每贴对 1 个得 5 分,共 3 个,共 15 分) (4)关闭行李舱及做好 5S 管理得 15 分	
2	电池管理系统数据流读取	(1)将 ED400 连接到车上； (2)打开 ED400 开关,进入电池管理系统,点击数据流读取电池管理系统数据； (3)读取动力蓄电池总电压、SOC 值及电池组最高总温度； (4)读取单节电池最高电压、最低电压、最高温度及最低温度,并记录电池号数；	65 分	(1)正确将 ED400 连接到车上得 5 分； (2)正确打开 ED400 开关,进入电池管理系统,点击数据流读取电池管理系统数据得 5 分； (3)读取动力蓄电池总电压、SOC 值及电池组最高总温度；(每个 5 分,共 15 分) (4)读取单节电池最高电压、最低电压、最高温度及最低温度,并记录电池号数；(每个 5 分,共 20 分)	

续上表

序号	项 目	操 作 内 容	规定分	评 分 标 准	得分
2	电池管理系统数据流读取	(5)读取 BMS12V 电源电压; (6)读取各电池组状态是否有正常; (7)整理工具	65 分	(5)读取 BMS12V 电源电压得 5 分; (6)读取各电池组状态是否有正常得 10 分; (7)正确整理工具得 5 分	
		总分	100 分		

四、思考与练习

(一)填空题

1. 秦电池管理系统通过控制模组_____及_____的通断,从而实现对动力蓄电池包的管理控制。

2. 秦电池管理系统为分布式电池管理系统,由一个电_____和10 个_____及1 套动力_____。

3. BMC 的主要作用是_____、_____、接触器控制、电池异常状态报警和保护、SOC 计算、自检及通讯等,是秦电池管理系统中的_____。

4. BIC 的作用是_____、_____、_____、采样线异常检测等,作为秦电池管理系统的_____。

5. 动力蓄电池采样线束的主要功能是连接_____和_____,实现二者之间的_____。

6. 铁电池有电压、电流和温度监测功能,存在异常状态会触发故障报警功能,当铁电池故障报警时,仪表上_____点亮(常亮),同时显示"_____"。

7. e6 集中式电池管理系统安装于_____。而分布式电池管理器安装在_____。

8. e6 集中式电池管理器上有三个低压插接件,分别是_____、_____及_____。

(二)判断题

1. 秦单节电池电压 $U \geqslant 3.9$ 时就会触发电压过高严重报警。 (   )

2. 电池放电电流 $I \leqslant 360A$ 时会触发过流报警。 (   )

3. 对于电气系统来说,未进入过放保护或者超低功耗情况下,铁电池都是电气设备的常电供给电源。 (   )

4. K68-1—车身地间电压在 2.5~3.5V。 (   )

5. 模块温度>65℃为 2 级故障,会触发一般高温告警。 (   )

(三)简答题

1. 简述秦电池管理系统工作原理。

2. 简述 e6 分布式电池管理系统的优势。

项目四
电动汽车充电装置的使用及维护

动力蓄电池使用一定时间之后就需要对其进行充电,在充电过程中就会用到一些专用的充电设备,即电动汽车充电装置。本项目包括以下3个任务:

任务11　充电装置的认知

任务12　电动汽车充电桩安全管理

任务13　电动汽车充电

通过以上3个任务的学习,你将了解到常见充电装置的结构及工作原理,电动汽车充电过程,如何进行安全充电及常见充电故障的检修方法。

任务11　充电装置的认知

学习目标

❖ **知识目标**

1. 能描述车载充电机的功用；
2. 能说出充电桩的基本类型；
3. 能区分交流、直流充电桩。

❖ **能力目标**

1. 能说出充电机接口端子针脚的名称,并能进行基本的检测；
2. 能通过指示灯判断便携式充电器的性能。

建议课时

10课时。

任务描述

李先生准备购买一辆北汽EV160纯电动汽车,对充电装置不了解,担心家庭用电无法对汽车进行充电,你作为一名技术人员需要对充电装置一些基本事项进行说明。

一、理论知识准备

（一）常见充电装置定义及分类

1. 充电装置定义

电动汽车充电装置泛指将电能转变为车载动力蓄电池组中的化学能的各种形式的变流装置的总称。如充电机、充电桩、充电站、车载充电机,电机驱动系统中的能量回收装置,燃料电池汽车动力系统中双向DC/DC变换器的充电部分等,都属于充电装置。

2. 充电装置的分类

按电路结构进行划分,可以分为工频相控类和高频开关电源类。如图11-1所示,按用途进行划分,可分为车载充电装置和地面充电装置两大类。

（二）车载充电机

1. 车载充电机基本结构及功用

电动汽车通常配备车载充电机,其主要的作用是将220V交流电转换为动力蓄电池的直流电,实现动力蓄电池电量补给。现阶段,很多新款电动汽车的车载充电机通常与高压配电盒等其他部件集成在一起,其主要由车载充电机电路板、电容、变压器等组成,如图11-2所示。车载充电机一般具有效率高、体积小、耐受恶劣工作环境等特点。

从结构布置上,通常车载充电机要与慢充高压线束相连接,其中端口针脚定义如图11-3所示。

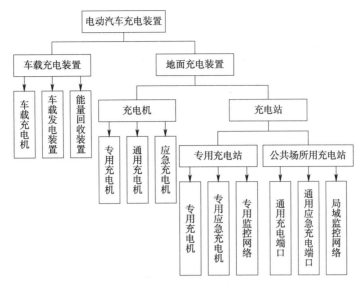

图 11-1 充电设备分类

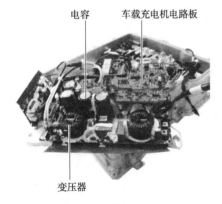

图 11-2 典型车载充电机

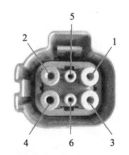

图 11-3 车载充电机与慢充高压线缆连接端口针脚
1-号端子：L-交流电源；2-号端子：N-交流电源；3-号端子：PE-车身地（搭铁）；4-号端子：空；5-号端子：CC-充电确认线；6-号端子：CP-控制确认线

2. 车载充电机基本工作原理

交流充电桩输送给车载充电机，通过车载充电机内部的变压器，变压器将交流充电桩的 200V 电压上升至动力蓄电池所需的交流电，经过全波整流器整流，输送给滤波电路过滤整形，输送给稳压二极管，形成一个趋于平稳的直流波形输出。

车载充电机工作过程需协调电池管理系统等部件进行充电综合管理，由电池管理系统通过 CAN 通信控制车载充电机的工作状态，通常当监测到车载充电机温度高于某设定温度时，充电机的输出电流变小；若温度高于某一温度时，车载充电机将切断供电，停止输出电能。电池管理系统为车载充电机提供过电压、欠电压、过电流、欠电流等多种保护措施。若充电系统出现异常,电池管理系统会及时采取应对措施甚至切断供电。

(三)交流充电桩

日常生活中,最常见的充电装置是充电桩,按充电电流的不同,充电桩可分为直流充电桩和交流充电桩,如图 11-4 所示;而交流充电桩按安装位置的不同可分为落地式、壁挂式和便携式三种(交流充电桩一般指落地式)。

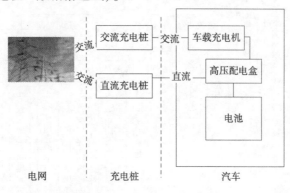

图 11-4　不同的充电类型示意图

由于电动汽车动力蓄电池为直流电,在可以使用交流充电桩充电的电动汽车要配备相应的车载充电机,将交流电转换为直流电,这个过程充电速度较慢。而对于直流充电桩,输出的直流电可以直接对接动力蓄电池,对电池直充,不需要进行电的类型的转换,充电速度快。

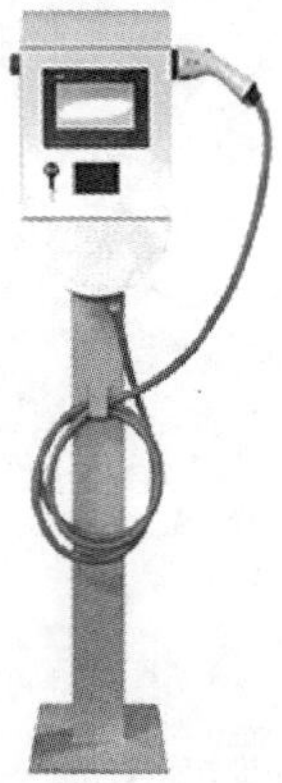

1. 交流充电桩

交流充电桩通常有落地式、壁挂式和便携式(还有很多车型配备)三种。采用此种电传导方式的充电桩,由于不需要自身进行直交流电的转换,通常内部结构较简单,体积较小,一般落地式和壁挂式均提供人机操作界面和交流充电接口,并具备相应测量保护功能的专用装置,如图 11-5 所示。

交流充电桩可应用在各种大、中、小型电动汽车充电站中。其特点是充电功率较小,由于输出充电电流小,电池充电时间较长,可充分利用低谷时段充电。

图 11-5　典型交流充电桩

2. 交流充电接口

适用于电动汽车传导充电用的交流充电接口,功能定义执行新国家标 GBT20234.2—2015 规定。交流充电接口的额定值见表 11-1。

表 11-1　交流充电接口的额定值

额定电压(V)	额定电流(A)
250	10/16/32
440	16/32/63

电动汽车车辆接口和供电接口包含 7 对触头,原国家标准只要求单相电 1 号触头,备用了两个触头 2(NC1)、3(NC2);现阶段,接口电气参数和功能定义执行新国家标准 GB/T 20234.2—2015,7 个触头均使用,见表 11-2。

电气参数和功能定义　　　　　　　　表 11-2

触头编号/标识	额定电压(V)和额定电流(A)	功 能 定 义
1(L1)	250 10/16/32（440 10/16/32）	交流电单相（三相）
2(L2)	440 10/16/32	交流电三相
3(L3)	440 10/16/32	交流电三相
4(N)	250 10/16/32（440 10/16/32）	中线
5(PE)	—	保护搭铁
6(CC)	0~30 2A	充电连接确认
7(CP)	0~30 2A	控制确认

根据国家标准要求,电动汽车车辆接口和供电接口的触头布置方式如图 11-6 所示。触头长短不一,粗细也有差别,为充电连接中做硬件准备。

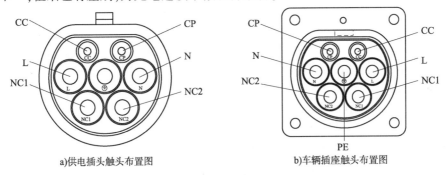

a)供电插头触头布置图　　　　　b)车辆插座触头布置图

图 11-6　交流充电接口触头布置图
（图中 NC1、NC2 为新国家标准中的 L1、L2）

在充电过程中,对于充电接口上,首先连接保护搭铁触头,最后连接控制确认触头与充电连接确认触头。在脱开的过程中,首先断开控制确认触头与充电连接确认触头,最后断开保护搭铁触头。

3.落地式交流充电桩

交流充电桩是指固定安装在电动汽车外、与交流电网连接,为电动汽车车载充电机提供交流电源的供电装置,如图 11-7 所示。

1) 交流充电桩基本构成

交流充电桩由桩体、电气模块、计量模块等部分组成,如图 11-8 所示。桩体包括外壳和人机交互界面;电气模块包括接触器、控制引导电路、充电插座、电缆连接端子排、安全防护装置等。

2) 交流充电桩的功能

(1) 人机交互功能。充电桩应能显示或借助外部设备显示各状态下的相关信息,显示字符应清晰、完整,没有缺损现象,不应依靠环境光源即可辨认。充电桩宜具备手动设置充电参数的功能。

图 11-7　落地式充电桩

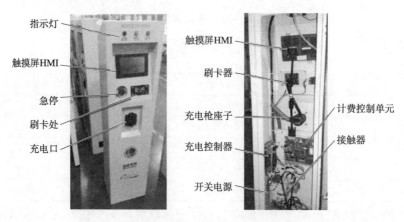

图 11-8 充电桩结构组成

(2) 计量功能。充电桩宜具备电能计量功能,充电桩宜提供实施电能表,能现场检测充电电量。

(3) 付费交易功能。充电桩应具备付费交易功能,实现充电控制及充电计费。同时,为了方便,可 IC 卡支付或扫二维码支付。

(4) 通信功能。充电桩上应用与外部通信的接口。同时可以多种方式与外界进行通信,LAN/WIFI/2G/3G/4G 都能与外界进行通信。

(5) 安全防护功能。安全功能包括以下几个方面。急停开关,在发生紧急状况时可按下急停开关结束充电,起到保护作用;过负荷保护、短路保护和漏电保护功能;D 级防雷装置;电子锁止装置,锁止装置在充电过程中应保持锁止状态;接触器故障检测功能。

4. 壁挂式充电盒

1) 壁挂式充电盒结构

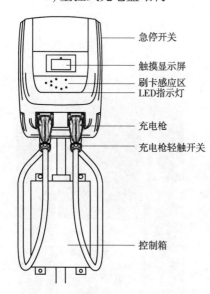

图 11-9 壁挂式充电盒结构组成

壁挂式充电盒结构如图 11-9 所示,由触摸显示屏、刷卡感应区、LED 指示灯、急停开关、充电枪、控制箱和充电枪轻触开关等组成。

2) 各组成部件功能

(1) 触摸显示屏:功能操作和显示界面。用户在此观察充电盒的实时状态和提示,从而对充电盒进行操作。

(2) 刷卡感应区:用户刷卡感应区域,根据屏幕提示在此刷卡。

(3) LED 指示灯:显示 5 种状态,包括"电源""连接""充电""完成"和"故障",如图 11-10 所示。

(4) 急停开关:紧急情况下,按下急停开关,即可断开充电和输入电源。使充电盒停止工作。恢复需顺时针旋转开关至开关弹出。

(5) 充电枪:充电盒和电动汽车连接装置。

(6) 控制箱:充电盒进线输入连接装置,内置充电盒断路器。

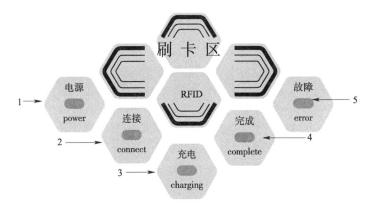

图 11-10 指示灯界面示意图

(7)充电枪轻触开关:用于确认充电枪与电动汽车可靠连接。

5.便携式充电盒

便携式充电盒作为插即用型充电设备,结构简单、操作简便,支持直接从交流电网取电,满足电动车主随时充电的应用诉求。

1)便携式充电盒外观结构

便携式充电盒外观结构如图 11-11 所示,一端为三芯插头,在充电时连接外接电源插座;另一端为带有七孔的插头,在充电时连接车端交流充电插孔。中间为控制盒,上有 Ready 灯、Charge 灯和 Fault 灯,如图 11-12 所示。充电时连接供电端三芯插头,Ready 灯、Charge 灯闪烁表示可充电,Fault 灯闪烁表示没接地。

图 11-11 便携式充电盒外观结构

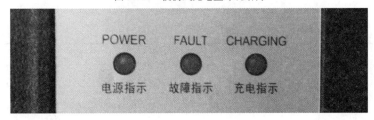

图 11-12 控制盒指示灯

2)控制盒内部结构

控制盒内部结构如图 11-13 所示,工频变压器把高压电转换成 12V 低压电,为低压模块供电;主控单片机内含充电逻辑控制,同时具有电气保护功能;电流互感器检测电流,具有启动过电流保护的作用;继电器充电回路主开关熔断丝启动具有电路保护的作用;而零序电流互感器启动漏电保护作用。

(四)直流充电桩

1.基本结构

直流充电桩体积较大,通常由充电指示灯、显示屏、刷卡区、紧急启停、充电枪和散热通风口及充电桩体组成,如图 11-14 所示。紧急启停键是在当出现紧急情况时,按下后可强行终止充电。充电指示灯中红色电源指示灯亮起,说明设备上级电源已正常供电,设备进入带电状态。绿色充电指示灯闪烁,说明车辆正在充电;绿色充电指示灯常亮,说明充电完成;黄色指示灯为故障指示灯,当其闪烁时,说明设备有故障;黄色故障指示灯熄灭,说明设备运行正常。

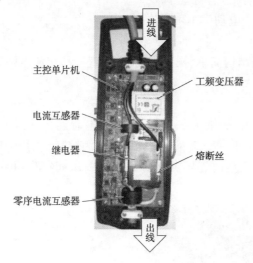

图 11-13 控制盒内部结构

图 11-14 典型直流充电桩

2.直流充电接口

直流充电桩的充电接口是充电机与电动汽车车辆插孔进行物理连接,完成充电及控制引导的连接器。直流充电桩与电动汽车的充电接口功能定义执行国家标准 GB/T 20234—2011 规定。从 2016 年起执行新国家标准 GB/T 20234.2—2015,直流充电接口额定值参见表 11-3。

直流充电接口额定值   表 11-3

额定电压(V)	额定电流(A)
750/1000	80
	125
	200
	250

直流充电桩充电插头和电动汽车车辆插座的触头布置方式如图 11-15 所示。

直流充电桩充电插头和电动汽车车辆插座分别包含 9 对触头,其电气参数和功能定义见表 11-4。

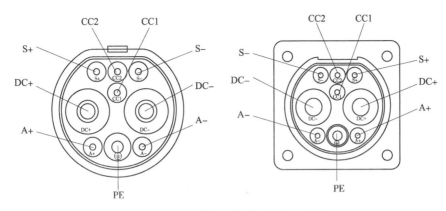

图 11-15 充电触头和车辆插座触头布置图

充电接口各触头电气参数值及功能定义　　　　表 11-4

触头编号/标识	额定电压和额定电流	功 能 定 义
1 -（DC+）	750V 125A/250A	直流电源正,连接直流电源正与电池正极
2 -（DC-）	750V 125A/250A	直流电源负,连接直流电源负与电池负极
3 -（PE）	-	保护搭铁(PE),连接供电设备地线和车辆底盘地线。
4 -（S+）	30V 2A	充电通信 CAN_H,连接非车载充电机与电动汽车的通信线
5 -（S-）	30V 2A	充电通信 CAN_L,连接非车载充电机与电动汽车的通信线
6 -（CC1）	30V 2A	充电连接确认 1
7 -（CC2）	30V 2A	充电连接确认 2
8 -（A+）	30V 20A	低压辅助电源正,连接非车载充电机为电动汽车提供的低压辅助电源
9 -（A-）	30V 20A	低压辅助电源负,连接非车载充电机为电动汽车提供的低压

（五）便携式充电器

现阶段,电动汽车,包括纯电动及插电式混合动力汽车,为了便于随时使用日常家用电充电,汽车上通常配备便携式充电器。

该充电器一头是与交流电充电桩充电口匹配的充电枪,一头是三插头,并带有控制盒,可以随时监控,如图 11-16 所示。使用便携式交流充电连接装置正常充电时,充电连接装置上的控制盒点亮"Ready"指示灯,同时"Charge"指示灯点亮闪烁,如图 11-17 所示。

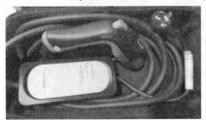
图 11-16 典型便携式交流充电器

图 11-17 正常充电控制盒状态

二、任务实施

1. 准备工作

(1)进行分组,各组进行分工。

(2)准备车辆、高压防护装置、万用表、便携式充电器等。

2. 技术要求与注意事项

(1)进行高压插头的插拔时,必须按照严格的断电步骤进行前期工作,并做好高压安全防护。

(2)车辆充电时严禁处于起动状态。

(3)没有指导教师的同意,不允许进行任何工作。

3. 操作步骤

(1)佩戴绝缘手套、护目镜。

(2)打开交流充电盖开关,对照各端口定义,进行端口触头认识,并进行基本检查,如图 11-18 所示。

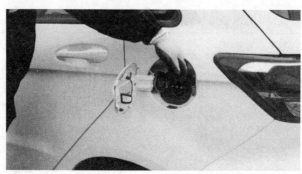

图 11-18　交流充电口

(3)车载充电机基本检查:目测并进行检查车载充电机线束及插头外观有无破损,如图 11-19 所示,若发现设备有破损或者异常情况,请立即停止使用。

图 11-19　车载充电机线束及插头

(4)断电操作:然后断开车载充电机高压插头,对照手册及电路图,检查由充电口到车载充电机高压插头之间线束各相关数据,测量完成后,仪器、接插器复位。

(5)对照电路图,检查车载充电机到控制器之间控制线之间情况,如 CC 确认线检查方法:

①断开控制器 T121 接插器,找到 13 号端子,断开 PDU 的低压插头,如图 11-20 所示,找到 13 号端子。

②将万用表旋至电阻挡,将黑表笔连接至 T121 的 13 号端子,将红表笔连接至 PDU 的低压插头的 13 号端子。

如图 11-20　PDU 低压控制插头

③用红黑表笔测量两端子之间的电阻值,标准电阻值:正常小于 1Ω。若测量值与标准数值不符合,则说明该线路断路损坏。

(6)测量完成后,仪器、接插器复位。

(7)使用便携式充电器进行充电,查看控制盒指示灯基本情况,确认充电是否正常。

三、技能考核标准

技能考核标准见表 11-5。

技能考核标准　　　　表 11-5

序号	项目	操作内容	规定分	评分标准	得分
1	准备工作	场地检查,防护用具、万用表、便携充电器的准备	10 分	漏查一项扣 5 分,漏两项不得分	
2	防护用具的检查	正确检查防护用具、万用表,并进行场地防护	10 分	防护用具的基本检查项目,如绝缘手套,护目镜等;万用表的校表	
3	手册电路图的使用	会结合工作,查看电路图,找到针脚、线路	10 分	能根据需要,查到相应针脚、线路	
4	使用万用表进行基本检查	万用表的挡位选取,及表笔的正确使用	5 分	不会选挡位扣 5 分	
5	诊断测量	对相应针脚、线路进行正确的测量	50 分	每错一处扣 5 分	
6	恢复及场地 7S 管理	能够恢复插头及所有设备,进行 7S 管理	15 分	插头恢复不当扣 5 分;有误操作的破坏扣 5 分	
	总分		100 分		

四、思考与练习

(一)填空题

1.电动汽车通常配备车载充电机,其主要的作用是将_____转换为动力蓄电池的直流电,实现动力蓄电池电量补给。

2.充电装置按用途进行划分,可分为_____和_____两大类。

3. 车载充电机监测到车载充电机温度高于某设定温度时,充电机的_____变小;若温度高于某一温度时,车载充电机将_____,停止输出电能。

4. 充电桩,按充电电流的不同可分为_____和_____。

5. 充电桩按安装位置的不同可分_____、_____和_____三种。

6. 交流充电口中 CP 的功能定义是_____。

7. 交流充电桩由桩体、_____、_____等部分组成。

8. 便携式充电盒中间为控制盒,上有_____灯、_____灯和 Fault 灯。

(二)判断题

1. 电池管理系统通过 LIN 通信控制车载充电机的工作状态。　　　　　　(　)

2. 交流充电桩其特点是充电功率较小,由于输出充电电流小,电池充电时间较长,可充分利用低谷时段充电。　　　　　　　　　　　　　　　　　　　(　)

3. 交流充电桩中电子锁止装置在充电过程中可保持锁止状态也可不锁止。　(　)

4. 便携式充电盒作为插即用型充电设备,结构简单、操作简便,支持直接从交流电网取电,满足电动车主随时充电的应用诉求。　　　　　　　　　　　　　　(　)

5. 直流充电接口额定电流的最大值为 300A。　　　　　　　　　　　　(　)

(三)简答题

1. 简述车载充电机的工作原理。

2. 说明交流充电桩与直流充电桩的主要区别点。

任务 12　电动汽车充电桩安全管理

学习目标

❖ **知识目标**

1. 会分析充电桩危险点;
2. 会描述进行充电桩使用前准备工作。

❖ **能力目标**

1. 会进行充电桩使用前的准备工作;
2. 能正确使用设备进行交流充电。

建议课时

4 课时。

任务描述

徐先生购买了一辆纯电动汽车,同时需要安装交流充电桩,你作为一名技术人员需要对交流充电桩使用方法进行讲解,并对一些注意事项予以说明。

一、理论知识

(一)充电桩危险点分析

(1)对于直流充电桩,电池极性不能接反,否则会损坏智能充电机和电池。

(2)不要使用尖锐物品触击触摸屏,易造成触摸失效。

(3)在雨雪天气,如果没有遮雨/雪设施,则禁止充电操作。

(4)在雷雨天气,为保护充电桩不受损害,不建议充电。

(5)严禁充电枪或充电线缆存在缺陷、出现裂痕、磨损、破裂等情况下使用充电桩,如图 12-1 所示,如有发现,请及时联系工作人员。

(6)交流充电桩外壳接地应符合验收规范及设计要求。禁止在充电过程中突然断开电源或充电电缆。

(7)交流充电桩在运行过程中如发生异常,应切断该设备电源后才能进行维修。严禁非专业人员拆开设备,所有操作及维修人员需经专业培训后才能上岗。

图 12-1 线缆破损

(8)在任何情况,交流充电桩的温度不能超过允许值,在设备的温升过高时,可采取人工减小。

(二)充电桩的安全防护措施

1. 基本安全防护

(1)避免交流充电桩故障运行,如发现设备内部异响、电池电压显示异常、机内有不正常气味或烟雾产生、液晶屏显示异常、各信号指示灯显示异常等故障现象,应立即停机处理,以避免造成更多的元件损坏。

(2)按键操作时,不能用力过大,严禁用硬物涂刮充电机外壳和液晶屏。

(3)严禁在交流充电桩周围堆放物品,现场应配置相应的灭火器材。

(4)如果空气湿度较大,应将充电机接通电源后,待风扇工作 30min 后才能开始充电。

2. 设备防护

通常情况下,充电桩会配用一些器件,进一步防止雷击、过载、漏电等问题的出现,如图 12-2 所示。同时在便携式充电器上,通常会带有故障检测控制器,用于检测充电时故障,随时切断充电,保证安全。

(三)充电桩安全操作

1. 交流充电桩的安全操作

1)充电的准备

(1)充电前安全事项。

①操作前,必须确认工作服、安全帽、绝缘鞋、绝缘手套穿戴到位。

②操作前,必须确认充电桩的充电插座不带电,并确认电动汽车上的插头定义与充电桩插座插孔的定义一致。

a) 典型防雷击断电器　　　　　b) 典型漏电保护器

图 12-2　设备防护器件

③操作前,必须确认电动汽车电源已经关闭。

④确认电动汽车是交流单相 220V 充电,且功率不大于 5kW。

⑤确认车辆停靠在正确的车位。

⑥充电操作时,必须一人操作、一人监护,且周围没有闲杂人员。

(2)充电前交流充电桩的检查。

①若接触器、液晶显示工作不正常,勿开机,等待维修处理。

②启动充电前,确认充电桩、车辆的连接插头是否连接可靠。

③确认该型号充电桩与车辆相匹配交流充电桩为高电压、大功率设备,为确保设备及人身安全,应在操作前认真阅读操作说明,并按说明步骤进行操作。操作前,应保持手指、触摸笔干燥;严禁使用尖锐物品触击触摸屏;操作过程中,应按界面提示正确操作。

2)运行监控

充电操作时,应检查充电机插头连锁装置或保护装置的操作连接,保证插销处于带电状态时不会从插座或连接器中拔出,或开关装置处于"ON"位置时不会被插入插座或连接器。

密切监控交流充电桩的运行状态,包括充电电压、充电电流和电池温度等。充电如发现异常,应立即停机处理,记录故障现象并及时反馈交流充电桩技术人员,待相关人员处理。

2. 直流充电桩的安全操作

1)充电前准备

(1)安全事项。

①操作前,必须确认工作服、安全帽、绝缘鞋、绝缘手套穿戴到位。

②操作前,必须确认直流充电桩插头不带电。

③操作前,必须确认电动汽车电源已经关闭。

④操作前,必须确认电动汽车动力蓄电池和车上充电插座之间的开关已经断开,处于分闸状态,车上充电插座不带电。

⑤确认车辆是直流充电方式,且电动汽车的动力蓄电池参数与充电机参数匹配。

⑥确认充电桩上充电插头和车上充电插座的插针和插孔定义正确、一致。

⑦确认车辆停靠在正确的车位。

⑧充电操作时必须一人操作、一人监护,且周围没有闲杂人员。

(2)充电前充电机的检查。
①若接触器、液晶显示工作不正常,勿开机,等待维修处理。
②启动充电前,确认充电桩、车辆的连接插头是否连接可靠。
③确认该型号充电桩与车辆相匹配。
2)运行监控
密切监控充电机的运行状态,包括充电电压、充电电流和电池温度等。充电过程中如发现异常情况应立即停机处理,记录故障现象并及时反馈给充电机技术人员,等待相关人员处理。

二、任务实施

1. 准备工作
(1)进行分组,各组进行分工。
(2)准备车辆、充电装置。
2. 技术要求与注意事项
(1)每组使用交流充电桩对纯电动汽车电机进行充电,按照操作步骤,每组作业10min。
(2)车辆充电时严禁处于起动状态。
(3)没有指导教师的同意,不允许进行任何工作。
3. 操作步骤
(1)准备一条性能良好的充电线,将充电线的一端连接到充电桩专用接口上。
(2)另一端连接到车身充电口上,如图12-3所示。
(3)连接完成后,将充电卡贴附到感应区,如图12-4所示。

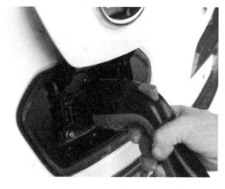 

图12-3 充电线接到车身充电口　　　　图12-4 将充电卡贴附到感应区

(4)进行充电设置,充电桩可以选择三种不同的充电收费方式,进行充电——按充电金额充电、按度数充电、按充电时间充电,如图12-5所示。
(5)按充电金额进行充电。
(6)按充电度数进行充电。
(7)按充电时间进行充电。
(8)设置完成进行充电,若充电中途突发紧急状况,可以按下紧急终止按钮停止充电。
(9)充电完毕,断掉充电口的充电枪,收拾场所。

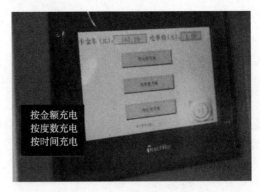

图 12-5 三种不同的充电收费方式

三、技能考核标准

技能考核标准见表 12-1。

技能考核标准　　　　　　　　　　　　表 12-1

序号	项目	操作内容	规定分	评分标准	得分
1	准备工作	场地检查,主动寻找充电卡,检查场地,检查充电设备,检查车辆	15 分	漏查一项扣 5 分,漏两项不得分	
2	充电线的检查	检查充电线缆及充电插头基本情况	5 分	能够检查线缆是否有破损等情况	
3	进行充电操作	会用充电卡对车辆正确充电,每一种充电方式均能正确操作	60 分	刷卡进入系统,能够根据需要进行充电,每一种充电方式 15 分	
4	使用紧急终止按钮	随时能够根据指令紧急终止	10 分	会用紧急按钮,并会再次恢复充电	
5	恢复场地	充电结束,收拾线缆,收拾场地,进行 7S 管理	10 分	收拾工具得 5 分;7S 管理得 5 分	
	总分		100 分		

四、思考与练习

(一) 填空题

1. 严禁在交流充电桩周围堆放物品,现场应配备相应的_____。

2. 如果空气湿度较大,应将充电机接通电源后,待里面风扇工作_____后才能开始充电。

3. 充电过程密切监控交流充电桩的运行状态,包括_____和_____等。

4. 交流充电桩外壳接地应符合验收规范及设计要求。禁止在充电过程中_____电源或充电电缆。

5. 交流充电桩充电前应确认电动汽车是交流单相 220V 充电,且功率不大于_____。

(二) 判断题

1. 电动汽车是交流单相 220V 充电,且功率不大于 10kW。　　　　　(　)
2. 交流充电桩的表面及箱内应保持清洁干燥。　　　　　　　　　　(　)
3. 充电操作时必须一人操作、一人监护,且周围没有闲杂人员。　　　(　)
4. 如遇雷电天气,为保护设备不受损害,建议停止充电。　　　　　　(　)

(三) 简答题

简述直流充电桩充电前的准备有哪些。

任务 13　电动汽车充电

学习目标

❖ 知识目标

1. 能说出动力蓄电池充电方法;
2. 能描述慢充系统主要组成;
3. 能说出慢充和快充的基本工作过程。

❖ 能力目标

1. 能判断正常充电;
2. 能进行充电系统基本故障的诊断。

建议课时

8 课时。

任务描述

王先生购买了一辆北汽 EV150 纯电动汽车,但不知道怎样才算正常充电,充电时,车辆仪表板会一直有一个"红色插头"的符号显示,不知道是不是有问题,你作为一名技术人员需要给予指导。

一、理论知识

(一) 典型动力蓄电池充电方法

纯电动汽车的电能补充可以分为两种模式,即充电模式和换电模式。其中换电又被称为机械充电,是通过直接更换已充电的动力蓄电池来达到电动汽车电能补充的目的。

纯电动汽车动力蓄电池放电后,用直流电源连接动力蓄电池,将电能转化为动力蓄电池的化学能,使它恢复工作能力,这个过程称为动力蓄电池充电。动力蓄电池充电时,动力蓄电池正极与充电电源正极相连,动力蓄电池负极与充电电源负极相连,充电电源电压必须高于动力蓄电池的总电动势。合适的充电方式不仅能够最大限度地发挥电池的容量,而且可以延长电池的使用寿命。纯电动汽车的充电方法包括常规充电方式和快速充电方式。

常规充电方式有恒电流充电方法、恒电压充电方法和阶段充电方法等几种。常规充电方式以较低的充电电流对电动车进行充电,一般充电时间较长,可达 10~20h;常规充电方式的充电器安装成本比较低,电动汽车家用充电设施(车载充电机)和汽车充电站多采用这种充电方式。充电时段可以充分利用电力低谷时段进行充电,降低充电成本,提高充电效率,并延长电池的使用寿命。

快速充电方式有脉冲式充电法、变电流间歇充电方法、变电压间歇充电方法等几种,这里介绍常见的充电方法。快速充电方式以较高的充电电流在短时间内为蓄电池充电,充电时间短,可在 10~30min 完成,快速充电方式的充电器安装成本相对较高,充电效率较低,对电池寿命也有一定的影响。

1. 恒压充电方法

恒压充电是最基本的控制方式,开始时,给定一个期望电压值,系统开始充电,充电电流随充电的进行不断减小;当充电电流小于一定值后,充电过程结束。恒压充电的最大特点就是控制简单,由于充电终期只有很小的电流流过,所以析气量小,能耗低;但由于充电初期充电电流过大,容易对电池极板造成冲击,严重时会损坏电池;恒压充电方式一般用于电池中途的补给充电,在开始充电阶段,一定要加保护措施,限制电流的最大值。

2. 恒流充电方法

恒流充电开始时,充电器以恒定较大电流为电池充电,电池将要充满时,改用恒定的小电流为电池充电,进入浮充阶段,浮充的作用是为了补偿电池自放电的影响。这种方法能对电池组中的落后电池完全充电,消除电池电压的不平衡;但这种方法充电时间很长,析气严重,能耗高;恒流充电方法是目前广泛使用的一种充电方法。

3. 阶段充电方法

常用的阶段充电方法有二阶段充电法和三阶段充电法。二阶段法采用恒流方法和恒压方法相结合,首先以恒流充电至预定的电压值,然后改为恒压方法完成剩余的充电。一般两阶段之间的转换电压就是第二阶段所保持的恒定电压。

三阶段充电方法在充电开始和结束时采用恒电流充电,中间用恒压充电。二阶段充电方法首先以恒流充电至预定的电压值,然后改为恒压,前两阶段之间的转换电压一般也是第二阶段所保持的恒定电压,当电流衰减到预定值时,由第二阶段转换到第三阶段进行恒流充电,后两阶段之间的转换电流一般就是第三阶段所保持的恒定电流。这种方法可以将出气量减到最少。

4. 脉冲充电方法

脉冲充电方法首先是用脉冲电流对动力蓄电池充电,然后让电池停充一段时间,如此循环。脉冲充电方法遵循动力蓄电池固有的充电接受率,能够提高动力蓄电池充电接受率,从而打破了动力蓄电池充电接受曲线的限制。

5. 变电流间歇充电方法

变电流间歇充电法建立在恒流充电和脉冲充电的基础上,其特点是将脉冲充电中恒流充电阶段改为限制充电电压改变充电电流间歇充电。充电前期的各段采用变电流间歇充电的方法,保证加大充电电流,获得绝大部分充电量。充电后期采用恒定电压充电,直到电池恢复至完全充电状态。变电流间歇充电方法通过间歇停充,使蓄电池经化学反应产生的氧气和氢气有时间重新化合而被吸收掉,使浓差极化和欧姆极化自然而然地得到消除,从而减轻了动力蓄电池的内压,使下一轮的恒流充电能够更加顺利地进行。

6. 变电压间歇充电方法

变电压间歇充电方法与变电流间歇充电方法不同之处在于第一阶段不是间歇恒流充电,而是间歇恒压充电,这种方法更加符合最佳充电的充电曲线。在每个恒电压充电阶段,由于是恒压充电,充电电流自然按照指数规律下降,符合动力蓄电池电流可接受率随着充电的进行逐渐下降的特点。

(二) 电动汽车慢充

1. 慢充基本组成与原理

慢充充电使用的是交流充电方式,车辆采用的是 7 对触头的插座,具体含义可参考"表 11-2"中的内容。慢充口位置根据车型不同布置的位置也有所不同,通常位于车的侧面尾部或车前,国内比亚迪纯电动汽车,如 E5,慢充位于车前脸标志处,北汽 EV160 的慢充充电口位于车左侧尾部,如图 13-1 所示。慢充系统通常需要进行电的转换,通常由慢充设备、慢充充电口、充电线缆、车载充电机等组成。

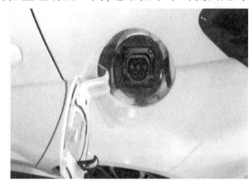

图 13-1 北汽 EV160 慢充口位置

电动汽车与慢充充电桩有两种连接方式:一是与慢充充电桩连接在一起的慢充充电枪;另一个是随车标配的交流充电桩慢速充电线。

2. 慢充充电系统工作过程

将充电枪对准慢充充电口,匹配成功后按下慢充插口上的蓝色按键,通过 12V 低压唤醒整车控制系统以及电池管理系统等低压部件,电池管理系统会首先检测动力蓄电池有无充电需求,检测完毕后会将充电指令发送给车载充电机并闭合动力蓄电池的继电器,开始充电。通过车载充电机内部的变压器,变压器将交流充电桩的 200V 电压上升至动力蓄电池所需的交流电,经过全波整流器进行整流,输送给滤波电路过滤整形,输送给稳压二极管,形成一个趋于平稳的直流波形输出,这样车载充电机将外部供电设备提供的 220V 交流电转换为电动汽车所需要的直流电储存到动力蓄电池。当电池管理系统检测到充电完成后,发送指令给车载充电器机停止工作,动力蓄电池继电器断开,工作基本流程图如 13-2 所示。

图 13-2 慢充充电系统工作流程

(三) 电动汽车快充

1. 快充充电系统组成及功用

快充通常是直接给动力蓄电池充电,不需要进行交直流电的转换,属于直流充电,系统较简单,快充充电系统包括快充设备和快充充电口。

1）快充充电桩

快充充电桩内置功率转换模块，能将电网的交流电转换为直流电，不须经过车载充电机转换，直接接入车内电池。充电功率取决于电池管理系统和充电桩输出功率，两者取小。目前市场上特斯拉的快充功率达到 120kW，半小时能充满 80% 电量，充电倍率接近 2C，北汽 EV200 可以达到 37kW，充电倍率 1.3C。快充充电桩内部是由充电模块、主控制器、绝缘检测模块、智能电能表、通信模块、继电器等部分组成。快充充电桩一般安装在大型充电站内，以三相四线制的方式连接电网，使用 380V 的工业用电通过快充充电桩为电动汽车充电。

2）快充充电口

快充充电使用的是直流充电方式。车辆采用的是 9 对触头的插座。具体含义可参考"表 11-4 充电接口各触头电气参数值及功能定义"中的内容。通常快充充电口位于车辆的前端，如比亚迪纯电动款 E5、北汽 EV160 的快充充电口位于车头前部正中间车标位置，如图 13-3 所示。

图 13-3　快充充电口位置

2. 快充充电系统工作过程

快充充电桩通过接口与电动汽车相连，在将快充充电枪插入快充充电口后，用户在充电桩人机交互界面刷卡并进行相应操作。确认充电枪物理连接成功之后，快充充电桩与动力蓄电池通过 CAN 线进行数据信息交互。确认动力蓄电池的状态信息之后，闭合控制高压电分配的高压接触器，开始充电。直流充电桩将输出的高压直流电直接输入到动力蓄电池中，充电过程中，动力蓄电池与充电桩之间时刻进行着信息交互，若检测到充电完成，充电桩主控制器将关闭充电模块并断开控制高压电分配的高压接触器，同时电池管理系统也将断开动力蓄电池继电器，如图 13-4 所示。若控制器在充电过程中监测到故障，将停止充电。

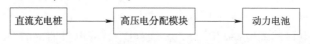

图 13-4　快充充电系统工作流程示意图

(四)常见充电故障

1. 总体分析

从总体策略上分析，常见充电故障主要就是两种情况，即不能充电或能充电，但充电电流异常。通常，不能充电故障原因较多，如低压控制 CC 线路故障、充电设备故障等；能充电，但电流低，通常低压控制 CP 线路故障较多所致。

从充电系统结构上分析，充电故障主要为充电设备相关问题、快慢充电口故障、充电线缆及高压插头相关故障、低压控制电路相关故障、车载充电机故障等。通常充电枪及线缆、高压插头、充电低压控制(如充电唤醒信号、CC、CP 等相关电路问题)等相关故障较多。

2. 典型故障案例

1）充电设备问题

现阶段，充电站充电设备通常容易出现动力蓄电池充电电流过流、电池单体电压过高、车辆 BMS 管理系统与充电桩通信故障等。根据安全等级和设备属性将充电站常见故障分为通信故障和设备故障两类。

(1)通信故障,此类故障不危及设备和人身安全,通过人工重启设备相关部位(主要是电源开关),或设备厂家人员调试系统后可恢复正常运行。通信故障发生的频次较高,需要反复进行手动操作,厂家调试周期长,极大地制约了充电服务的效率。

①网关通信故障导致充电无数据。网关通信是在充电桩充电时,将充电机的充电信息实时传送给后台服务器(工作站),运维人员通过后台服务器的监控界面实时监测电动汽车充电状态及充电数据。一个网关通信发生故障,能同时引起多台充电机的运行状态无法被监控。导致充电数据不能实时上传,造成充电报表数据缺失,直接影响计量计费的准确性。

②因通信距离过远,导致充电程序无法启动。通常建设初期与后续投入使用会有一定的变化,充电桩安装位置可能会距离监控室过远,在充电设备投入使用后,通信线路距离过远,部分充电桩出现因通信无法连接不能正常启动,严重影响充电桩的使用效率,直接关系到电动车辆能否及时可靠充电。

(2)设备本身故障,因充电桩充电枪锁止松动而导致无法正常连接。在操作充电过程中,经常需要将充电枪拔出后与车辆进行连接,导线与充电桩连接处容易松动,长此以往会使导线磨损、破裂,影响正常充电。

充电设备标准不统一导致的故障。有些充电站充电设备投入较早,充电接口、充电机技术以及充电监控后台与现行 2015 版充电设备的国家标准差距较大,设备运行不稳定。

2)车辆本身结构部件线路故障

纯电动汽车充电系统的低压部分,主要用于低压供电及控制信号,也是最容易造成不能正常充电的线路故障之一。

如在对北汽 EV150 电动汽车进行交流充电过程中,仪表板一直未出现正常充电,不能进行正常充电,最终排查是 12V 低压供电异常导致 BMS、仪表等由于没有唤醒信号唤醒,无法与充电机进行通信,不能让车载充电机正常工作。

以上情况,最简单的判断方式就是交流上电的时候,可以通过"听"的方式初步判断电池有没有发出继电器闭合的声音,如没有,一般都是低压供电异常。如果测量低压蓄电池电量正常,需要进一步根据充电系统电路图,如图 13-5 所示,检查低压熔断丝盒内充电唤醒的相关熔断丝及继电器,以及充电机插头是否有问题、端子是否出现退针等的情况。

二、任务实施

1. 准备工作

(1)进行分组,各组进行分工。
(2)准备车辆、高压防护装置、万用表、诊断仪、便携式交流充电器等。

2. 技术要求与注意事项

(1)插拔高压插头时,必须按照严格的断电步骤进行前期工作,并做好高压安全防护。
(2)严禁车辆处于起动状态时充电。
(3)在进行线路排查时,严格按照电路图进行查找。
(4)在老师的指导下,能够通过仪表板、读取数据流等方式判断正常充电情况,并能完成充电异常的基本诊断。

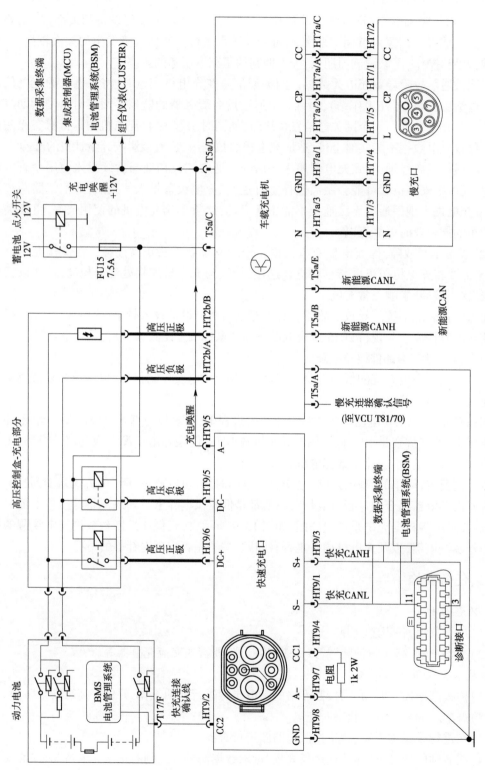

图 13-5 北汽 EV150 电动汽车充电系统电路简图

（5）没有指导教师的同意，不允许进行任何工作。

3．操作步骤

（1）首先进行车辆基本检查。

（2）每组进行正常充电判断。打开交流充电盖开关，使用便携式交流充电，基本判断如下。

车辆充电枪连接后，仪表板会先显示充电连接中，仪表板会出现" "充电线连接指示灯；能够正常充电后，显示当前充电电压、充电电流等基本信息；同时可以使用专用诊断仪进行数据流的读取，可以读取车载充电机是否正常使用、当前充电电压、充电电流等信息，根据手册判断是否正常。

（3）如出现充电异常，使用诊断仪进行故障与数据流读取，查看相关充电信息，初步判断故障。再根据充电枪及慢充口各触头电气参数值及电路图、手册，对慢充系统进行逐步排查，重点是CC、CP、PE、充电唤醒相关线路及熔断丝等。

（4）收拾场地，7S管理。

三、技能考核标准

技能考核标准见表13-1。

技能考核标准   表13-1

序号	项目	操作内容	规定分	评分标准	得分
1	准备工作	场地检查，检查充电设备，检查车辆、检查仪器	10分	漏查一项扣5分，漏两项不得分	
2	进行充电操作	会用便携式充电器对车辆正确充电	10分	能够使用锁止开关，连接电网与车辆顺序正确	
3	仪表板基本信息的读取	能进行仪表板相关充电符号、充电信息的读取	10分	区别充电连接与正常充电两种状态	
4	使用诊断仪读取相关信息	会连接并使用诊断仪，能够读取故障码，能够读取充电相关数据流	15分	连接正确；能够正确进入诊断系统；能够正确选择读取数据流	
5	故障诊断	根据故障码、相关数据流进行判断，使用手册、电路图等进行线路、熔断丝等排查	45分	不能正确使用电路图扣5分；排查电路中供电线路只检查熔断丝通断扣10分	
6	恢复场地	结束，收拾线缆，收拾场地，进行7S管理	10分	收拾工具得5分；7S管理得5分	
	总分		100分		

四、思考与练习

（一）填空题

1．纯电动汽车的电能补充可以划分为两种模式，即_____和_____。

2. 快速充电方式有_____、_____、_____等。

3. 常规充电方式有_____、_____和_____等。

4. 电池将要充满时,改用恒定的小电流为电池充电,进入浮充阶段,浮充的作用是_____的影响。

5. 常用的分阶段充电方法有二阶段充电法和三阶段充电法。二阶段法采用_____和_____相结合,首先以恒流充电至预定的电压值,然后改为恒压方法完成剩余的充电。

6. 变电流间歇充电法建立在恒流充电和脉冲充电的基础上,其特点是将脉冲充电中恒流充电阶段改为限制_____改变_____间歇充电。

(二) 判断题

1. 车载充电机主要作用是将220V交流电转换为动力蓄电池的直流电,实现动力蓄电池电量补给。( )

2. 确认充电枪物理连接成功之后,快充充电桩与动力蓄电池通过LIN线进行数据信。( )

3. 在充电时,将电动汽车与慢充充电桩连接在一起的是慢充充电枪。( )

(三) 简答题

简述恒压充电的特点。

参 考 文 献

[1] 王震坡,孙逢春.电动车辆动力蓄电池系统及应用技术[M].北京:机械工业出版社,2012.
[2] 敖东光,宫英伟,陈荣梅.电动汽车结构原理与检修[M].北京:机械工业出版社,2017.
[3] 曾鑫,刘涛.新能源汽车动力蓄电池与驱动电机[M].北京:人民交通出版社股份有限公司,2017.
[4] 吴晓斌,刘海峰.新能源汽车概论[M].北京:人民交通出版社股份有限公司,2017.
[5] 陈全世.先进电动汽车技术[M].北京:化学工业出版社,2014.
[6] 徐艳民.电动汽车动力蓄电池及电源管理[M].北京:机械工业出版社,2014.
[7] 徐海民.电动汽车充电站运行与维护技术[M].北京:中国电力出版社,2011.
[8] 陈强民,邓长勇,张珠让.新能源汽车综合故障诊断[M].天津:天津科学技术出版社,2016.
[9] 左小勇,袁斌斌.动力蓄电池管理及维护技术[M].天津:天津科学技术出版社,2016.
[10] 赵社全.新能源汽车运用技术[M].天津:天津科学技术出版社,2013.